Christian Koeber

Die Bilanzierung von Finanzinstrumenten nach IFRS 9

Evaluierung des Handlungsbedarfs für Unternehmen

Bachelor + Master
Publishing

Koeber, Christian: Die Bilanzierung von Finanzinstrumenten nach IFRS 9: Evaluierung des Handlungsbedarfs für Unternehmen, Hamburg, Bachelor + Master Publishing 2013

Originaltitel der Abschlussarbeit: Evaluierung des Handlungsbedarfs für Unternehmen durch die Umstellung der Bilanzierung von Finanzinstrumenten nach IAS 39 auf IFRS 9

Buch-ISBN: 978-3-95549-292-2
PDF-eBook-ISBN: 978-3-95549-792-7
Druck/Herstellung: Bachelor + Master Publishing, Hamburg, 2013
Zugl. FOM Hochschule für Oekonomie & Management gemeinnützige GmbH Nürnberg, Nürnberg, Deutschland, Bachelorarbeit, Dezember 2012

Bibliografische Information der Deutschen Nationalbibliothek:
Die Deutsche Nationalbibliothek verzeichnet diese Publikation in der Deutschen Nationalbibliografie; detaillierte bibliografische Daten sind im Internet über http://dnb.d-nb.de abrufbar.

Das Werk einschließlich aller seiner Teile ist urheberrechtlich geschützt. Jede Verwertung außerhalb der Grenzen des Urheberrechtsgesetzes ist ohne Zustimmung des Verlages unzulässig und strafbar. Dies gilt insbesondere für Vervielfältigungen, Übersetzungen, Mikroverfilmungen und die Einspeicherung und Bearbeitung in elektronischen Systemen.

Die Wiedergabe von Gebrauchsnamen, Handelsnamen, Warenbezeichnungen usw. in diesem Werk berechtigt auch ohne besondere Kennzeichnung nicht zu der Annahme, dass solche Namen im Sinne der Warenzeichen- und Markenschutz-Gesetzgebung als frei zu betrachten wären und daher von jedermann benutzt werden dürften.

Die Informationen in diesem Werk wurden mit Sorgfalt erarbeitet. Dennoch können Fehler nicht vollständig ausgeschlossen werden und die Diplomica Verlag GmbH, die Autoren oder Übersetzer übernehmen keine juristische Verantwortung oder irgendeine Haftung für evtl. verbliebene fehlerhafte Angaben und deren Folgen.

Alle Rechte vorbehalten

© Bachelor + Master Publishing, Imprint der Diplomica Verlag GmbH
Hermannstal 119k, 22119 Hamburg
http://www.diplomica-verlag.de, Hamburg 2013
Printed in Germany

Inhaltsverzeichnis

Abbildungsverzeichnis III

Tabellenverzeichnis IV

Abkürzungs- und Akronymverzeichnis V

1 Einleitung 1
   1.1 Hintergrund und Problemstellung 1
   1.2 Zielsetzung 3
   1.3 Gang der Arbeit 4
   1.4 Literaturlage 4

2 IAS 39 Finanzinstrumente: Ansatz und Bewertung 6
   2.1 Definition und Eigenschaften von Finanzinstrumenten 6
   2.2 Klassifizierung und Bewertung finanzieller Verbindlichkeiten 8
   2.3 Klassifizierung und Bewertung finanzieller Vermögenswerte 9
        2.3.1 Bis zur Endfälligkeit zu haltende finanzielle Vermögenswerte 11
        2.3.2 Kredite / Ausleihungen und Forderungen 13
        2.3.3 Erfolgswirksam zum beizulegenden Zeitwert zu bewertende finanzielle Vermögenswerte 14
        2.3.4 Zur Veräußerung verfügbare finanzielle Vermögenswerte 17
        2.3.5 Zusammenfassung der Klassifizierung und Bewertung nach IAS 39 19
   2.4 Erfassung von Wertminderungen bei zu fortgeführten Anschaffungskosten bewerteten Finanzinstrumenten 20
   2.5 Bilanzierung von Sicherungsgeschäften 21

3 Umstellung von IAS 39 nach IFRS 9 24
   3.1 Motivation und Zielsetzung 24
   3.2 Darstellung des Umstellungsprozesses 25
   3.3 Entstehender Handlungsbedarf und Aktionsplan 29
   3.4 Phase 1: Classification and Measurement 34
        3.4.1 Bewertung zu fortgeführten Anschaffungskosten 36

			3.4.2	Bewertung zum beizulegenden Zeitwert	38
			3.4.2	Änderungen und Handlungsbedarf aus der Umstellungsphase 1	39
	3.5		Phase 2: Amortised Cost and Impairment		42
			3.5.1	Expected-Loss-Modell	43
			3.5.2	Three-Bucket-Approach	44
			3.5.3	Änderungen und Handlungsbedarf aus der Umstellungsphase 2	46
	3.6		Phase 3: Hedge Accounting		48
			3.6.1	Risikomanagement	49
				3.6.1.1 Grundgeschäfte	49
				3.6.1.2 Sicherungsinstrumente	51
				3.6.1.3 Effektivitätstest	52
			3.6.2	Rekalibrierung von Sicherungsbeziehungen	53
			3.6.3	Beendigung von Sicherungsbeziehungen	54
			3.6.4	Anpassungen in der IT-Landschaft	56
			3.6.5	Änderungen und Handlungsbedarf aus der Umstellungsphase 3	56
4	Beurteilung des Umstellungsprojekts				58
5	Resümee				60
Quellenverzeichnis					**VII**

Abbildungsverzeichnis

Abbildung 1: Untergliederung der Finanzinstrumente nach den IFRS 7

Abbildung 2: Entscheidungsprozess zur Klassifizierung und Bewertung finanzieller Vermögenswerte nach IAS 39 19

Abbildung 3: Phasen des Projekts „Replacement of IAS 39" 26

Abbildung 4: Entscheidungsprozess zur Bewertung finanzieller Vermögenswert nach IFRS 9 41

Abbildung 5: Schematische Darstellungen der IFRS 9 Impairment-Regelungen 44

Abbildung 6: Änderungen im Hedge Accounting 48

Abbildung 7: Anpassung der Sicherungsbeziehung nach erstmaliger Designation.... 55

Tabellenverzeichnis

Tabelle 1: Kernelemente der held to maturity investments 12

Tabelle 2: Kernelemente der loans and receivables 14

Tabelle 3: Kernelemente der at fair value through profit and loss investments 16

Tabelle 4: Kernelemente der available for sale investments 18

Tabelle 5: Fortschritt des Projekts „Replacement of IAS 39" 28

Tabelle 6: Aktionsplan zur Standardumstellung von IAS 39 auf IFRS 9 30

Tabelle 7: Synopse Klassifizierung und Bewertung nach IAS 39 und IFRS 9 35

Tabelle 8: Handlungsbedarf aus der 1. Phase des Umstellungsprozesses................. 42

Tabelle 9: Vorschlag allgemeiner und spezifischer Indikatoren für Kredite und schuldrechtliche Wertpapiere 45

Tabelle 10: Handlungsbedarf aus der 2. Phase des Umstellungsprozesses.............. 47

Tabelle 11: Handlungsbedarf aus der 3. Phase des Umstellungsprozesses.............. 57

Tabelle 12: Überblick über die Verteilung des Handlungsbedarfs über die einzelnen Unternehmensbereichen 61

Abkürzungs- und Akronymverzeichnis

AK	Anschaffungskosten
App.	Appendix
ED	Exposure Draft
EFRAG	European Financial Reporting Advisory Group
ERP	Enterprise Resource Planning
EU	Europäische Union
EZB	Europäische Zentralbank
FASB	Financial Accounting Standards Board
FV	Fair Value
FVTOCI	Fair Value Through Other Comprehensive Income
FVTPL	Fair Value Through Profit or Loss
GuV	Gewinn- und Verlustrechnung
HGB	Handelsgesetzbuch
IAS	International Accounting Standards
IASB	International Accounting Standards Board
IFRS	International Financial Reporting Standards
i.H.v.	in Höhe von
IT	Information Technology
i.V.m.	in Verbindung mit
OCI	Other Comprehensive Income
PWB	Pauschalwertberichtigung

1 Einleitung

1.1 Hintergrund und Problemstellung

Die Bilanzierung von Finanzinstrumenten stellt Zeit ihres Bestehens in den internationalen Rechnungslegungsstandards eines der komplexesten, wenn nicht sogar das komplexeste Themenfeld dar. Dies lässt sich nicht nur am Umfang der hierfür maßgeblichen Standards,[1] sondern auch am Umfang der zu diesem Gebiet veröffentlichten Fachliteratur erkennen. Dabei unterliegt die Entwicklung der einschlägigen Normen einem ständigen und zum Teil politisch motivierten Wandel, welcher es für die bilanzierenden Unternehmen und Abschlussinteressenten sehr schwer macht das Regelwerk und die dahinter stehende Motivation des Standardsetzer nachvollziehen zu können.[2] „Schwer zu verstehen, anzuwenden und auszulegen"[3] - so gibt der International Accounting Standards Board (IASB) die an ihn gerichteten Beschwerden aus den Reihen der Abschlussadressaten und anderer interessierter Dritter über die Vorschriften des IAS 39 Finanzinstrumente: Ansatz und Bewertung wieder.[4] Selbst der Vorsitzende des IASB, Sir David Tweedie, hielt 2007 in einem Interview mit dem Journal of Accountancy fest: „if you understand IAS 39, you haven't read it properly – it's incomprehensible".[5]

Im Zuge der globalen Finanzmarktkrise ab dem Jahr 2007 und dem zu dieser Zeit auftretenden, erheblichen Abschreibungsbedarf auf Finanzinstrumente, sowie der zunehmenden Erkenntnis, dass das bestehende Regelwerk in seiner Komplexität kaum noch zu überblicken zu und verstehen war, wurden die Rufe nach einer Anpassung des Standards durch die Staats- und Regierungschefs der sog. G20 Nationen[6] zunehmend lauter, was letztendlich in einer, im April 2009, veröffentlichten Erklärung an den IASB adressiert wurde.[7] Zu diesem Zeitpunkt waren die Bemühungen des IASB, in Zusammenarbeit mit dem Financial Accounting Standards Board (FASB), die Rechnungslegungsvorschriften zur Bilanzierung von Finanzinstrumenten zu vereinfachen schon vier Jahre im Gange, was im März des vorangegangenen Jahres im Discussion Paper „Reducing Complexity in Reporting

---

[1] Vgl. Kehm/Lüdenbach (2008), S. 1484.
[2] Vgl. Ruhnke (2008), S. 497.
[3] IFRS Foundation (2012a), S. A336.
[4] Vgl. ebenda.
[5] Journal of Accountancy (2007).
[6] Bezeichnung für die 20 wichtigsten Industrie- und Schwellenländer.
[7] Vgl. KPMG AG Wirtschaftsprüfungsgesellschaft (Hrsg.) (2011), S. 3.

Financial Instruments" festgehalten wurde.[8] Um dem Druck der Öffentlichkeit gerecht zu werden wurde das Vorhaben, den IAS 39 ganzheitlich durch den neuen und weniger komplexen Standard IFRS 9 zu ersetzen nicht, wie geplant en bloc umgesetzt, sondern in drei Hauptphasen gestückelt, wodurch der Prozess des Inkrafttretens erheblich beschleunigt werden sollte.[9]

Durch die neuen Regelungen zur Klassifizierung und Bewertung von Finanzinstrumenten (Projektphase 1), der Erfassung von Wertminderungen bei nicht zum beizulegenden Zeitwert bilanzierten Werten (Projektphase 2) und der bilanziellen Abbildung von Sicherungsbeziehungen (Projektphase 3), werden die nach IFRS bilanzierenden Unternehmen – hierbei vor allem finanzdienstleistende Unternehmen – einem nicht unmerklichen Umstellungsaufwand begegnen müssen welcher mitunter auch Konsequenzen auf die interne Unternehmenssteuerung und -planung nach sich zieht.[10] Dabei kann Handlungsbedarf direkt in den finanznahen Bereichen Rechnungswesen/Buchhaltung und Controlling, als auch in den finanzfernen Bereichen IT und Risikomanagement entstehen, welche es im Vorfeld der Standardumstellung genau zu untersuchen gilt. Dass die Banken sich dessen bewusst sind, zeigen Umfragen, wonach nicht selten Teams zwischen 10 und über 50 Personen, sowie Budgets von bis zu 25 Mio. Euro für die Bearbeitung des anstehenden Handlungsbedarfs abgestellt werden sollen.[11]

Denn je nach Struktur des Unternehmens kann sich aus der Umstellung des IAS 39 nach IFRS 9 eine enorme monetäre als auch zeitliche Belastung ergeben, welche durch eine genaue Analyse und Definition des Handlungsbedarfs im Vorfeld der Umstellung reduziert werden kann.

Aus den Reihen der großen Wirtschaftsprüfungs- und Beratungsgesellschaften wird daher bereits jetzt die Empfehlung ausgegeben, eine gezielte Analyse der anstehenden Änderungen vorzunehmen und konkrete Aktionspläne aufzustellen, um die Umsetzung des IFRS 9 reibungslos durchführen zu können,[12] obgleich die verpflichtende Anwendung des vollständigen IFRS 9 erst für Geschäftsjahre angesetzt wurde, die mit oder nach dem 01. Januar 2015 beginnen.[13]

---

[8] Vgl. IFRS Foundation (2012a), S. A336.
[9] Vgl. ebenda, S. A336 f..
[10] Vgl. Deloitte & Touche GmbH Wirtschaftsprüfungsgesellschaft (2011), S.3. sowie PricewaterhouseCoopers (2010).
[11] Vgl. Deloitte & Touche Tohmatsu Limited (Hrsg.) (2012b), S. 25 ff..
[12] Vgl. PricewaterhouseCoopers(2010).
[13] Vgl. EFRAG (2012).

1.2 Zielsetzung

Die Umstellung eines Standards endet regelmäßig nicht bei dem bloßen theoretischen Verständnis der Änderung – sie zeigt die darin begründeten Herausforderungen zumeist erst bei der praktischen Umsetzung durch die bilanzierenden Unternehmen. Obgleich eine Betrachtung der aus der praktischen Umsetzung resultierenden Problemstellung noch nicht möglich ist, soll mit dieser Bachelorarbeit deutlich ausgearbeitet und greifbar gemacht werden, welchen Änderungsaufwand Unternehmen zu bewältigen haben. Ausgehend von einer zunächst rein theoretischen Darstellung des IAS 39, wird im Hauptteil der Arbeit (Kapitel 3) zum Einen ein Aktionsplan dargestellt, mit dem ein Überblick über den Handlungsbedarf aus der Standardumstellung vorgegeben wird. Zum Anderen werden die einzelnen Änderungen durch den IFRS 9 charakterisiert und so die möglichen Reibungspunkte, sowohl fachlicher als auch technischer Natur, evaluiert, wodurch im selben Atemzug aufgezeigt wird, welche Änderungen durch die Unternehmen mit Inkrafttreten vorzunehmen sind.

Das Ziel ist es, dass sich durch diese Arbeit erschließt:

i. wie betroffene Unternehmen sich auf die Umstellung vorzubereiten haben,
ii. welche Handlungen sie zum Zeitpunkt des Inkrafttretens des Standards selbst vorzunehmen haben,
iii. welche Prozesse für die zukünftige, operative Arbeit mit dem neuen Standard angepasst werden müssen und
iv. welche Überlegungen zur strategischen Ausrichtung ggf. zu treffen sind.

Ausgeklammert werden dabei zunächst bilanzpolitische Spielräume, auf die an gegebener Stelle lediglich hingewiesen werden wird. Aufgrund der unabgeschlossenen Status der Standardentwürfe und bedingt durch die phasenweise Vornahme des Standardwechsels wird diese Bachelorarbeit einen hauptsächlich prospektiven Ansatz zeigen.

1.3 Gang der Arbeit

Um der Zielsetzung der Arbeit gerecht zu werden, wird anfangs der bislang gültige Standard IAS 39 im 2. Kapitel dieser Arbeit beleuchtet. Hierbei wird zunächst die allgemeine Intention des Standards, sowie anschließend die Klassifizierung und Behandlung von Finanzinstrumenten, das Vorgehen bei Wertminderungen von nicht zum beizulegenden Zeitwert bilanzierten Instrumenten sowie die bilanzielle Abbildung von Sicherungsbeziehungen überblickartig betrachtet. Obgleich der Standard sehr umfangreich ist und eine Fülle diverser Paragraphen umfasst, werden im Rahmen dieser Arbeit gezielt jene Bereich erläutert, auf die sich die einzelnen Phasen des folgenden Umstellungsprozesses konzentrieren. Dies ist dem Ziel – der Evaluierung des Handlungsbedarfs aus der Umstellung – geschuldet, für die eine vollständige Aufnahme des Standards IAS 39 eben nicht zielführend wäre. Das 3. Kapitel widmet sich dem Umstellungsprozess („Replacement of IAS 39"), sowie dem daraus resultierenden Handlungsbedarf für die Unternehmen, was gleichzeitig das Kernelement der Arbeit verkörpern soll. Vorangehend wird hierfür die Zielsetzung des Standardsetters sowie der aktuelle Fortschritt des Umstellungsprojekts durchleuchtet. Anschließend wird der konkrete Handlungsbedarf evaluiert, indem zunächst ein allgemeiner Aktionsplan vorgestellt wird, welcher als Basis für das Umstellungsprojekt im Unternehmen selbst hergenommen werden kann, bevor die einzelnen Phasen des Projekts und der daraus entstehende Handlungsbedarf im Detail evaluiert werden wird. Dem 3. Kapitel folgt ein Überblick über die Beurteilung des Projekts durch das Fachpublikum, bevor abschließend ein Resümee über die gewonnenen Erkenntnisse dieser Arbeit gezogen wird.

1.4 Literaturlage

Die Lage der zu diesem Thema herangezogenen Literatur ist, von Kapitel zu Kapitel, sehr unterschiedlich zu beurteilen. Während die zu Beginn dieser Arbeit dargestellten Regelungen zur Bilanzierung von Finanzinstrumenten nach IAS 39 schon seit Jahren ihre Gültigkeit besitzen und dementsprechend umfangreich Einzug in die gängige Fachliteratur fanden, gestaltet sich die Literaturfindung zu den entsprechenden IFRS 9 Interpretationen bedeutend dünner. Auch weil der Standard

IFRS 9 noch nicht endgültig finalisiert wurde, wird dieser in Monographien bislang nur selten thematisiert. Aus diesem Grund wurde für diesen Teil der Arbeit, sowie für die Evaluierung des Handlungsbedarfs aus der Standardumstellung, das Augenmerk gezielt und ganz bewusst auf Kommentare und Leitfäden gerichtet, die von Wirtschaftsprüfungsgesellschaften oder Beraterhäusern ausgegeben wurden. Diese gehen konkret auf die anstehenden Änderungen ein und skizzieren den daraus entstehenden Handlungsbedarf im Rahmen ihres Beratungsangebots.

2   IAS 39 Finanzinstrumente: Ansatz und Bewertung

2.1   Definition und Eigenschaften von Finanzinstrumenten

Die Bilanzierung von Finanzinstrumenten wird in den IFRS grundsätzlich nicht unter einem einzelnen Standard erfasst. Vielmehr ergeben sich die maßgeblichen Vorschriften aus drei verschiedenen Standards: IAS 32, IAS 39 und IFRS 7.[14] Dabei enthält IAS 32 „Finanzinstrumente: Darstellung" eher grundsätzliche Darstellungen von Finanzinstrumenten als Verbindlichkeiten, Eigenkapital-instrumenten oder finanziellen Vermögenswerten (IAS 32.2), während IAS 39 Finanzinstrumente: Ansatz und Bewertung die Regelung für deren bilanziellen Ausweis enthält.[15] Die Vorschriften zu den erforderlichen Anhangangaben, die die Entscheidungsnützlichkeit des Jahresabschlusses gewährleisten sollen, wurden hingegen 2005 aus dem IAS 32 in den eigenständigen Standard IFRS 7 Finanzinstrumente: Angaben ausgelagert.

Die Darstellungen des IAS 32 sind dabei grundsätzlich auf alle Arten von Finanzinstrumenten anzuwenden mit Ausnahme einiger Sonderfälle, welche in IAS 32.4 abschließend aufgezählt werden. Hierunter fallen Anteile an Tochterunternehmen (a)), Verpflichtungen aus Altersvorsorgeplänen (b)), Versicherungsverträge (außer im Fall eingebetteter Derivate) und Instrumente, die eine Überschussbeteiligung enthalten und somit unter den Anwendungsbereich des IFRS 4 fallen (d) und e)), sowie Verpflichtungen im Zusammenhang mit anteilsbasierten Vergütungen (IAS 32.4). Dabei gilt es zunächst einmal zu verstehen, was unter dem abstrakten Begriff des Finanzinstruments in der internationalen Rechnungslegung, alles subsumiert werden kann. Von elementarer Bedeutung hierfür ist IAS 32.11, in welchem sich die entsprechende Definition für ein Finanzinstrument findet. So heißt es in diesem Standard, ein Finanzinstrument sei:

---

[14] Vgl. Henselmann (2010), S. 266.
[15] Vgl. Berentzen (2010), S. 49.

"ein Vertrag, der gleichzeitig bei dem einen Unternehmen zu einem finanziellen Vermögenswert und bei dem anderen Unternehmen zu einer finanziellen Verbindlichkeit oder einem Eigenkapitalinstrument führt."[16]

Damit ist der Begriff des Finanzinstruments in den IFRS weit gefasst und lässt sich in die drei Unterkategorien finanzielle Vermögenswerte, finanzielle Verbindlichkeiten und Eigenkapitalinstrumente untergliedern:[17]

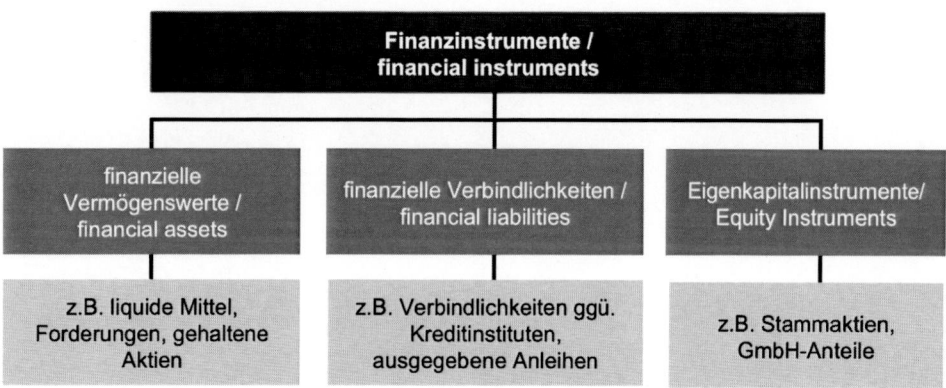

Abbildung 1: Untergliederung der Finanzinstrumente nach den IFRS;
Quelle: eigene Darstellung in Anlehnung an Aschfalk-Evertz (2011), S. 121 sowie Heno (2011), S. 256.

Zu der erweiterten Gruppe der finanziellen Vermögenswerte, welche aufgrund ihrer umfangreichen Einklassifizierung und damit verbundenen Bewertungsstruktur in dieser Bachelorarbeit vermehrt im Fokus stehen werden, gehören ferner:[18]

- Flüssige Mittel,
- als Aktiva gehaltene Eigenkapitalinstrumente eines anderen Unternehmens (z.B. Aktien oder GmbH-Anteile),
- vertragliche Rechte auf den Erhalt von flüssigen Mitteln / finanzieller Vermögenswerte von einem anderen unternehmen,
- vertragliche Rechte auf den Austausch von Finanzinstrumenten mit einem anderen Unternehmen zu vorteilhaften Bedingungen,
  sowie

---

[16] Vgl. KPMG Deutsche Treuhand-Gesellschaft AG (2007), S. 207 sowie IAS 32.11.
[17] Vgl. Achleitner et. al. (2009), S. 114.
[18] Vgl. Kirsch (2012), S. 113 sowie Heno (2011), S. 256 f..

- Verträge, welche in eigenen Eigenkapitalinstrumenten des Unternehmens (bspw. Aktien, GmbH-Anteile) erfüllt werden können.

Zum Vergleich: in den deutschen Gesetzen zur Rechnungslegung und der Erstellung von Jahresabschlüssen wird man eine vergleichbar umfangreiche Definition des Begriffs „Finanzinstrument" vergeblich suchen. Während im Handelsrecht in § 247 (1) HGB nur davon die Rede ist, dass alle Vermögensgegenstände und Schulden in die Bilanz aufzunehmen sind und sonst keine exakte Definition gegeben ist, ergibt sich eine Legaldefinition nur aus §1 (11) 1 KWG wonach Wertpapiere, Geldmarktinstrumente, Devisen / Rechnungseinheiten sowie Derivate unter dem Begriff des Finanzinstruments subsumiert werden.[19]

2.2 Klassifizierung und Bewertung finanzieller Verbindlichkeiten

Finanzielle Verbindlichkeiten bilden, wie im vorangegangenen Abschnitt beschrieben, eine Teilgruppe der Finanzinstrumente. Gemäß IAS 39.8 i.V.m. IAS 32.11 stellen sie eine vertragliche Verpflichtung dar, entweder flüssige Mittel / finanzielle Vermögenswerte an ein anderes Unternehmen abzugeben oder finanzielle Vermögenswerte/Verbindlichkeiten mit diesem zu potentiell nachteiligen Bedingungen austauschen zu müssen.[20] Ferner kann eine finanzielle Verbindlichkeit einen Vertrag darstellen, welcher mit Eigenkapitalinstrumenten des eigenen Unternehmens erfüllt werden kann und dessen Vertragsinhalt entweder ein nicht derivatives Finanzinstrument ist, welches die Verpflichtung enthält eine Anzahl X an Eigenkapitalinstrumenten an das Unternehmen abzugeben oder ein derivatives Finanzinstrument, das nicht durch Austausch eines definierten Betrags flüssiger Mittel oder anderer finanzieller Vermögenswerte gegen eine bestimmte Anzahl Eigenkapitalinstrumente des Unternehmens erfüllt werden kann oder wird.[21]

Erfüllt ein Finanzinstrument die vorangegangene Definition ist es – und dies gilt für sämtliche Finanzverbindlichkeiten – im Zugangszeitpunkt nach IAS 39.43 nominell

---

[19] Vgl. Schwarz (2006), S. 5, sowie § 247 (1) HGB, § 1 (11) 1 KWG.
[20] Vgl. Berentzen (2010), S. 57 sowie IAS 32.11.
[21] Vgl. ebenda, S. 56 f..

zum fair value (dies sind in aller Regel die Anschaffungskosten) zu erfassen (initial recognition) und bewerten (initial measurement).[22] Die Regelbewertung finanzieller Verbindlichkeiten sieht eine Folgebewertung (subsequent measurement) zu fortgeführten Anschaffungskosten und Anwendung der Effektivzinsmethode vor.[23] Man bezeichnet diese Verbindlichkeiten dann als „sonstige finanzielle Verbindlichkeiten".[24] Eine Ausnahme hiervon kann auftreten, wenn das Unternehmen die finanzielle Verbindlichkeit beim Erstansatz entweder per Designation als „zu Handelszwecken gehalten" einstuft oder diese tatsächlich zu Handelszwecken gehalten werden, wodurch die Verbindlichkeit erfolgswirksam zum beizulegenden Zeitwert bilanziert wird.[25] Im Weiteren Verlauf der Bachelorarbeit wird, wie schon angekündigt, jedoch vermehrt der Blick in Richtung des Ansatzes und der Bewertung finanzieller Vermögenswerte gerichtet, da deren Bilanzierung sich komplexer darstellt und auch bei der Behandlung durch den IASB mehr Beachtung fand.

2.3 Klassifizierung und Bewertung finanzieller Vermögenswerte

Bezüglich der Bilanzierung von Finanzinstrumenten, gemäß den Vorschriften der IFRS, nimmt die Einordnung des jeweiligen Vermögenswerts eine besondere Rolle ein. Die korrekte Kategorisierung ist deswegen von erheblicher Bedeutung, da im Anschluss die Bewertung des Instruments sowohl beim erstmaligen Ansatz, als auch in Belangen der Folgebewertung maßgeblich von ihr abhängig ist.[26]

---

[22] Vgl. Kehm/Lüdenbach (2008), S. 1575.
[23] Vgl. ebenda.
[24] Vgl. Henselmann (2010), S. 283.
[25] Vgl. Heno (2011), S. 263.
[26] Vgl. Berentzen (2010), S. 61.

Grundsätzlich lassen sich die Finanzinstrumente auf der Aktivseite gem. IAS 39.9 in vier Kategorien einklassifizieren, welche in den folgenden Kapiteln noch im Detail erörtert werden:[27]

1. erfolgswirksam zum beizulegenden Zeitwert bewertete Vermögenswerte
   (at Fair Value through Profit or Loss)
2. bis zur Endfälligkeit gehaltene Finanzinvestitionen
   (Held to Maturity)
3. Kredite und Forderungen
   (Loans and Receivables)
4. zur Veräußerung verfügbare finanzielle Vermögenswerte
   (Available for Sale)

Die Tatsache, dass innerhalb eines Standards unterschiedliche Vorschriften sowohl zum Ansatz, als auch zu der Bewertung innerhalb eines bestimmten Vermögenswerts (in diesem Fall der Kategorie der Finanzinstrumente) bestehen, wird üblicherweise als „*mixed measure model*" bezeichnet.[28]

---

[27] Vgl. Henselmann (2010), S. 267 sowie IAS 39.45 i.V.m. IAS 39.9.
[28] Vgl. Petersen et. al. (2011), S. 175.

2.3.1 Bis zur Endfälligkeit zu haltende finanzielle Vermögenswerte

Diese, in der Praxis aufgrund ihrer restriktiven Zuordnungskriterien eher selten genutzte,[29] Kategorie der held to maturity investments umfasst Fälligkeitswerte mit einer fest definierten Endfälligkeit, welche das Unternehmen dauerhaft in seinem Vermögen halten kann und vor allem auch halten will.[30] Gemäß IAS 39.9 ergeben sich hier, für die Klassifizierung in diese Kategorie drei essentielle Voraussetzungen, die das jeweilige Papier in Summe erfüllen muss:[31]

- Vorliegen eines Endfälligkeitsdatums (fest definierte Laufzeit)
- die Rückzahlung durch den Emittenten darf unter gewöhnlichen Umständen nicht gefährdet sein
- das erwerbende Unternehmen muss sowohl die Fähigkeit, als auch die Absicht haben, den Vermögenswert bis zu seiner tatsächlichen Fälligkeit zu halten.

Auf Basis dieser Definition fallen börsengehandelte Anleihen regelmäßig in diese Kategorie (selbstverständlich nur unter der Prämisse, dass eine entsprechende Halteabsicht vorliegt).[32] Das Kernkriterium der positiven Absicht das Gläubigerpapier wirklich bis zu seiner Endfälligkeit im Besitz zu halten, wird in der Praxis unter anderem daran gemessen, ob und wie viele der, in dieser Kategorie einsortierten Wertpapieren in den vergangenen 2 Jahren durch das Unternehmen tatsächlich vor dem Eintritt des Endfälligkeitsdatums veräußert wurden.[33] Dies liegt vor allem daran, dass die Abgrenzung zur Kategorie der zur Veräußerung verfügbaren finanziellen Vermögenswerte eine subjektive ist, die sich durch reines Betrachten des Jahresabschlusses von Außen nicht (zweifelsfrei) beurteilen lässt.[34] Sollten in diesem Zeitraum (im Verhältnis zur Gesamtzahl der gehaltenen Instrumente) ungewöhnlich viele veräußert worden sein, darf das Unternehmen gemäß IAS 39.9

---

[29] Vgl. KPMG Deutsche Treuhand-Gesellschaft AG (2007), S. 209.
[30] Vgl. Lüdenbach (2010), S. 158.
[31] Vgl. Kehm/Lüdenbach (2008), S. 1549, sowie IAS 39.9.
[32] Vgl. Henselmann (2010), S. 277.
[33] Vgl. Lüdenbach (2010), S. 158 sowie KPMG Deutsche Treuhand-Gesellschaft AG (2007), S. 209.
[34] Vgl. Henselmann (2010), S. 277.

finanzielle Vermögenswerte für die Dauer von zwei Jahren nicht mehr in diese Kategorie einordnen.

IAS 39.51 gibt ferner vor, dass wenn die Absicht die Finanzinvestition bis zur Endfälligkeit zu halten nicht mehr besteht oder die Fähigkeit dasselbige zu tun nicht mehr gegeben ist, eine Umgliederung in die Kategorie der bis zur Veräußerung verfügbaren Finanzinstrumente vorzunehmen ist und im gleichen Zug eine entsprechende Neubewertung zum beizulegenden Zeitwert vorzunehmen ist. Weitere Einschränkungen bei der Klassifikation in diese Kategorie ergeben sich zum Einen aus der Abgrenzung zu der Kategorie Kredite/Ausleihungen und Forderungen (loans and receivables), welche im Kapitel 2.3.2 näher erörtert wird, wenn die betroffenen Papieren zwar die Kriterien eines bis zur Endfälligkeit zu haltenden finanziellen Vermögenswerts erfüllen jedoch nicht auf einem aktiven Markt notiert sind. Zum Anderen liegt ein Abgrenzungsfall vor, wenn der Emittent das Recht auf Kündigung des bestehenden Vertrags inne hat und im Falle der Ausübung einen Betrag begleichen müsste der signifikant unter den fortgeführten Anschaffungskosten liegt.[35]

Die Darstellung der wesentlichen Kernelemente der Kategorie, der bis zur Endfälligkeit zu haltenden finanziellen Vermögenswerte / der held to maturity investments, erfolgt hier noch einmal abschließend in der folgenden Tabelle:

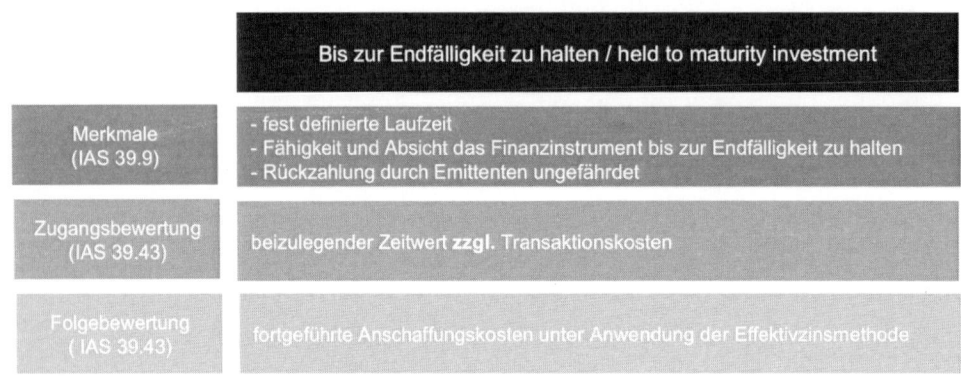

Tabelle 1: Kernelemente der held to maturity investments;
Quelle: eigene Darstellung basierend auf Kapitel 2.3.1.

---

[35] Vgl. Kehm/Lüdenbach (2008), S. 1550.

2.3.2 Kredite / Ausleihungen und Forderungen

Unter den finanziellen Vermögenswerten, die in die Kategorie Kredite / Ausleihungen und Forderungen (loans and receivables) einzuordnen sind, versteht man allgemein nicht derivative Werte mit festen bzw. bestimmbaren Zahlungen, die nicht mit Veräußerungsabsicht gehalten werden und auch nicht an einem aktiven Markt notiert sind.[36] Ob eine Notierung auf einem aktiven Markt als gegeben angesehen werden kann, ist dabei mitunter daran feststellbar, ob sich für das Instrument notierte Preise leicht und in regelmäßigen Abständen abfragen lassen (z.B. über eine Börse, Händler/Broker oder Preis-Service-Agenturen) sowie ob sich, sich tatsächlich ereignende Transaktionen unter Dritten, regelmäßig abspielen.[37] Unter die Anforderungen dieser Definition, welche sich aus dem IAS 39.9 ergibt, fallen regelmäßig Forderungen aus Lieferungen und Leistungen, Bankguthaben, Ausleihungen und Darlehen an eigene Arbeitnehmer.[38] Ferner gilt zu beachten, dass beim erstmaligen Ansatz für das Unternehmen die Option zur Designation besteht. Das bedeutet, es kann das Finanzinstrument, welches eigentlich unter die Kategorie der Kredite und Forderungen fallen würde, auch in die Kategorie „zur Veräußerung verfügbar" oder „erfolgswirksam zum beizulegenden Zeitwert" einordnen.[39] An dieser Stelle soll auch auf die Abbildung 3 in Kapitel 2.4 verwiesen werden, welche die etwaigen Designationsoptionen zwischen den einzelnen Kategorien aufzeigt.

Ist ein Finanzinstrument aufgrund seiner Eigenschaften in die Kategorie der Kredite und Forderungen einzustufen und wird es nicht durch Designation in die Kategorie der zur Veräußerung verfügbaren bzw. erfolgswirksam zum beizulegenden Zeitwert zu bewertenden Instrumente umgewidmet, ist es im Zugangszeitpunkt (IAS 39.14) zu seinem beizulegenden Zeitwert (Fair Value) zzgl. den Anschaffungsnebenkosten / Transaktionskosten in die Bilanz aufzunehmen (IAS 39.43). IAS 39.A64 und IAS 39.A76 definieren ferner, dass sich dieser beizulegende Zeitwert aus den Anschaffungskosten ableiten lässt. Die Bewertung des Finanzinstruments in den Folgeperioden erfolgt im Falle der Loans and Receivables zu den fortgeführten Anschaffungskosten mit Hilfe der sog. Effektivzinsmethode, welche die geschätzten künftigen Ein- und Auszahlungen des Papiers über die erwartete Laufzeit exakt

---

[36] Vgl. Heno (2011), S. 261.
[37] Vgl. Kehm/Lüdenbach (2008), S. 1544.
[38] Vgl. Kirsch (2012), S.114.
[39] Vgl. KPMG AG Wirtschaftsprüfungsgesellschaft (2012), S.102 sowie Kehm/Lüdenbach (2008), S. 1544.

auf den Nettobuchwert des finanziellen Vermögenswerts abzinsen.[40] Das heißt konkret, dass bei diesem internen Zinssatz der Bartwert künftiger Zahlungen mit den heutigen Anschaffungskosten übereinstimmt.

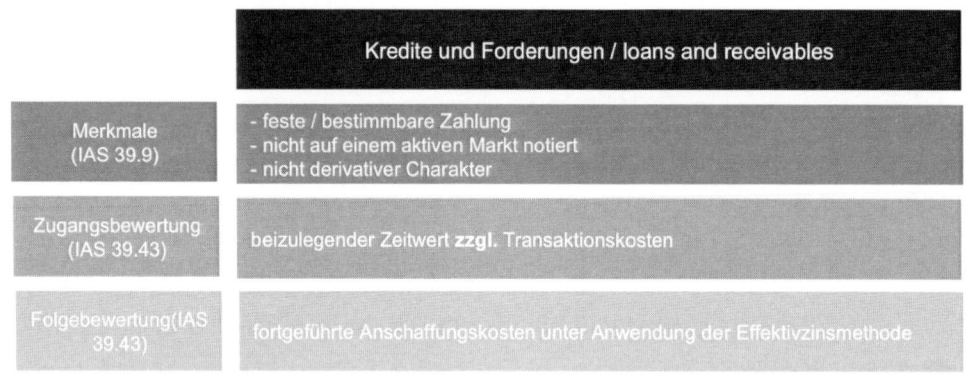

Tabelle 2: Kernelemente der loans and receivables;
Quelle: eigene Darstellung basierend auf Kapitel 2.3.2.

2.3.3 Erfolgswirksam zum beizulegenden Zeitwert zu bewertende finanzielle Vermögenswerte

Im Grunde genommen umfasst die Kategorie der erfolgswirksam zum beizulengenden Zeitwert zu bewertenden Finanzinstrumente (at fair value through profit and loss) zwei Unterkategorien:[41]

- die zu Handelszwecken gehaltenen Finanzinstrumente (held for trading), sowie
- die beim erstmaligen Ansatz in diese Kategorie designierte Finanzinstrumente, welche gemäß ihrer Eigenschaft eigentlich einer anderen Kategorie zuzuordnen wären.

Erstere sind die Wertpapiere die mit der Intention gehalten werden aus ihrem Weiterverkauf kurzfristige (Spekulations-) Gewinne zu erzielen, ein Teil eines Portfolios aus Finanzinstrumenten sind, für welches in jüngster Vergangenheit

---

[40] Vgl. Henselmann (2010), S. 272 sowie IAS 39.9.
[41] Vgl. Aschfalk-Evertz (2010), S. 125.

Hinweise auf kurzfristige Gewinnmitnahmen bestehen, oder Derivate sind (mit Ausnahme von Derivaten im Sinne des Hedge Accounting).[42]

Letztere umfasst all jene finanziellen Vermögenswerte, deren beizulegender Zeitwert verlässlich bestimmbar ist[43] und die vom Unternehmen durch Ausübung der sogenannten „Fair Value-Option" bei ihrem erstmaligen Ansatz in diese Kategorie einklassifiziert wurden (Designation).[44] Für die Designation in diese Kategorie sind allerdings unterschiedliche Voraussetzungen zu erfüllen. So ist eine willkürliche Widmung als „erfolgswirksam zum beizulegenden Zeitwert" möglich, sofern hierdurch entweder Ansatz- oder Bewertungsinkongruenzen vermieden bzw. reduziert werden können (IAS 39.9 b (i)), eine dokumentierte Risikomanagement oder Anlagestrategie die Grundlage des Managements eines Portfolios aus Finanzinstrumenten auf Fair Value-Basis darstellt oder ein Finanzinstrument vorliegt, welches ein bestimmtes eingebettetes Derivat (embedded derivat) enthält (IAS 39.11 A).[45]

In Anbetracht der Tatsache, dass die Unternehmen neben den Pflichtbestandteilen dieser Kategorie, durch die Option der Designation, noch eine ganze Palette weiterer finanzieller Vermögenswerte in dieser Weise einordnen können, und die Bandbreite dieser Kategorie damit beträchtlich zunimmt, wurde Kritik durch die EZB und die Aufsichtsbehörde des Baseler Ausschusses laut, welche äußerten, dass die Beurteilung des Fair Value oftmals schwer nachvollziehbar sei und sich durch die direkte Behandlung im Periodenergebnis starke, prozyklische Ergebnisvolatilitäten ergeben.[46] Damit ist gemeint, dass in Zeiten wirtschaftlichen Abschwungs, in denen Emittenten regelmäßig häufiger durch Zahlungsunfähigkeit ausfallen, die GuV-Rechnung der Eigentümer des Papiers durch die Fair Value Bewertung besonders stark von diesen Wertminderungen belastet wird. In der Folge könnten die Unternehmen, die diese Titel halten, selbst in Zahlungsschwierigkeiten geraten, wodurch sich der gesamtwirtschaftliche Negativtrend noch weiter verstärkt. In Zeiten starken wirtschaftlichen Aufschwungs verhält sich dieser Effekt vice versa: Durch die wirtschaftlich gute Situation der Emittenten steigt der Marktwert der finanziellen Vermögenswerte, was über die Fair Value-Bewertung auch bei dem haltenden Unternehmen zu einem Aufbau in der Bilanz führt und so den wirtschaftlichen Aufschwung noch weiter befeuert.

---

[42] Vgl. Kirsch (2012), S. 125.
[43] Vgl. IAS 39.9, 39.46 (c).
[44] Vgl. Henselmann (2010), S. 268.
[45] Vgl. Kirsch (2012), S. 115.
[46] Vgl. Berentzen (2010), S. 61.

Bezüglich der Bewertung gibt es bei dem erfolgswirksam zum beizulegenden Zeitwert zu haltenden finanziellen Vermögenswert, einen entscheidenden Unterschied im Vergleich zur Behandlung der anderen Kategorien: Zunächst sind diese im Zugangszeitpunkt gemäß IAS 39.42, wie alle anderen Finanzinstrumente auch, mit ihrem beizulegenden Zeitwert zu bewerten. Jedoch dürfen bei der Zugangsbewertung der Kategorie at fair value through profit or loss die Anschaffungsnebenkosten, sprich die Transaktionskosten, die durch den Erwerb des Finanzinstruments anfielen nicht in den Wert des erstmaligen Ansatzes einbezogen werden, sondern müssen direkt im Aufwand – und somit im Periodenergebnis – verbucht werden.[47] Für die Bewertung in den Folgeperioden gilt das selbe Prinzip, wonach etwaige Änderungen des Buchwerts / des beizulegenden Zeitwerts (bspw. bedingt durch Kursschwankungen) erfolgswirksam im jeweiligen Periodenergebnis erfasst werden müssen.[48] Nachdem sich alle Wertschwankungen direkt im Ergebnis abbilden, bedarf es für die Behandlung eventueller Wertminderungen (Impairment) keiner gesonderten Regelungen.[49]

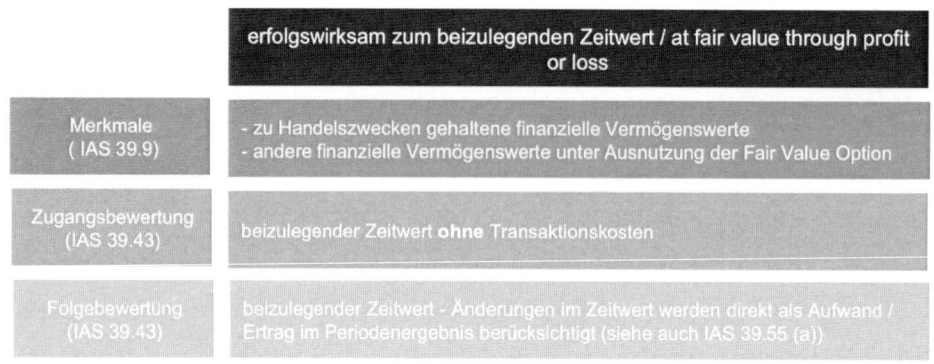

Tabelle 3: Kernelemente der at fair value through profit or loss investments;
Quelle: eigene Darstellung basierend auf Kapitel 2.3.3.

---

[47] Vgl. Achleitner et. al. (2009), S. 126.
[48] Vgl. ebenda, S. 127. sowie IAS 39.46.
[49] Vgl. Kehm/lüdenbach (2008), S. 1553.

2.3.4 Zur Veräußerung verfügbare finanzielle Vermögenswerte

Die veräußerbaren Werte (available for sale investments / assets) stellen die vierte Möglichkeit der Klassifizierung eines finanziellen Vermögenswerts dar. Ihr Kernmerkmal besteht darin, dass diese Kategorie eine Restkategorie darstellt, d.h. eine Art Auffangbecken für Finanzinstrumente, die sich keiner der vorangegangenen Kategorien zweifelsfrei zuordnen lassen.[50] Ihr Verbleib im Unternehmen ist aller Voraussicht nach nicht dauerhaft, doch wurden sie ebenso wenig erworben um kurzfristige (Spekulations-) Gewinne zu erzielen.[51] Nachdem es im Wesentlichen davon abhängig ist, mit welcher Motivation ein Finanzinstrument gehalten wird,[52] können Finanzinstrumente jeglicher Art und Weise in diese Kategorie einklassifiziert werden, sofern sie nicht die entsprechenden Bestimmungen des IAS 39.9 erfüllen um in einer der drei erstgenannten Kategorien eingeordnet zu werden. Erwirbt beispielsweise ein Unternehmen Anleihen eines anderen Unternehmens um damit seine Liquiditätsreserven rentabel anzulegen, läge die Vermutung nahe, dass es sich um einen finanziellen Vermögenswert der Kategorie „bis zu Endfälligkeit zu halten" handelt.[53] Wenn das Unternehmen jedoch entschlossen ist, bei Bedarf die entsprechenden Anleihen zu verkaufen (bspw. weil kurzfristig ein ungeplanter Investitionsbedarf entsteht oder das Geschäft konjunkturell bedingt nachlässt), sind die Voraussetzungen für die Einordnung in die held to maturity Kategorie nicht einwandfrei gegeben[54] und es muss eine Einordnung in die Kategorie available for sale erfolgen. IAS 39.43 folgend sind auch diese Wertpapiere bei ihrem Zugang zu ihrem beizulegenden Zeitwert zzgl. der beim Kauf entstandenen Transaktionskosten zu bewerten.[55] Für die Folgebewertung gilt bei dieser Kategorie grundsätzlich das selbe, wie für die erfolgswirksam zum beizulegenden Zeitwert zu bilanzierenden Finanzinstrumente, nämlich eine Bewertung nach dem Maßstab des Fair Value.[56] Der entscheidende Unterschied zur Folgebewertung der Kategorie at fair value through profit or loss liegt jedoch in der Behandlung der Wertänderung des Fair Value. Während dieser in der zuvor dargestellten Kategorie erfolgs-

---

[50] Vgl. Kehm/lüdenbach (2008), S. 1553.
[51] Vgl. Kirsch (2012), S. 116.
[52] Vgl. Kapitel 2.3.1 – 2.3.3.
[53] Vgl. Henselmann (2010), S. 278.
[54] Vgl. Kapitel 2.3.1.
[55] Vgl. Kirsch (2012), S. 116.
[56] Vgl. Kehm/Lüdenbach (2008), S. 1554.

wirksam im Ergebnis der jeweiligen Periode erfasst wurde, erfolgt die Verbuchung der Wertänderungen bei den zur Veräußerung verfügbaren finanziellen Vermögenswerten mitunter erfolgsneutral im Eigenkapital über das sonstige Ergebnis (other comprehensive income / OCI).[57] Die Verbuchung erfolgt in der Praxis regelmäßig über die Konten Rücklage für Marktbewertung bzw. Neubewertug, wodurch das Periodenergebnis zunächst gänzlich unberührt bleibt.[58] Gemäß IAS 39.55 (b) ergibt sich ein Effekt auf die Gewinn- und Verlustrechnung des Unternehmens folglich erst bei Verkauf oder Erreichung der Endfälligkeit, wenn die Buchungen auf dem o.g. Rücklagekonto erfolgswirksam ausgebucht werden.

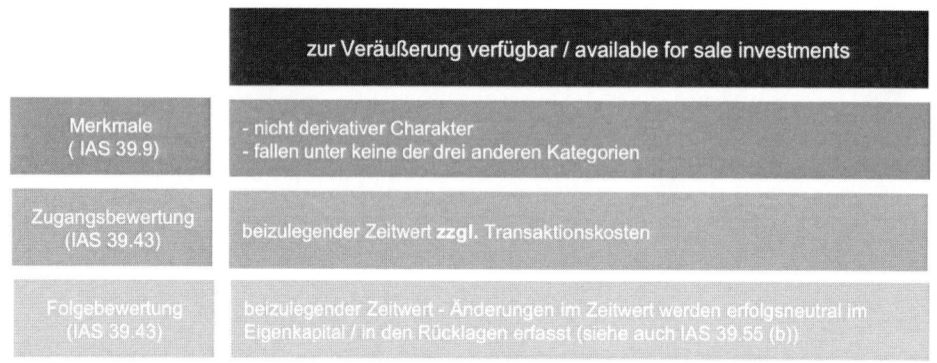

Tabelle 4: Kernelemente der available for sale investments;
Quelle: eigene Darstellung basierend auf Kapitel 2.3.4.

Mit der Darstellung der available for sale investments ist die Behandlung der Klassifizierungs- und Bewertungsoptionen des Standards IAS 39 abgeschlossen. Die Beschreibung der Kategorien kann – unabhängig von der Einzelbetrachtung auch in Form einer Prozesskette dargestellt werden, wie sie im folgenden Unterkapitel vorzufinden ist.[59]

---

[57] Vgl. ebenda, sowie IAS 39.55 (b).
[58] Vgl. Henselmann (2010), S. 279.
[59] Vgl. Kehm/Lüdenbach (2008), S. 1497.

2.3.5 Zusammenfassung der Klassifizierung und Bewertung nach IAS 39

Die Entscheidungen darüber welcher der Kategorien ein finanzieller Vermögenswert zuzuordnen ist und ob er folglich zu Anschaffungskosten oder zum beizulegenden Zeitwert zu bewerten ist, obliegt dem jeweiligen Management im Zeitpunkt der erstmaligen Erfassung.[60] Der Prozess der Klassifizierung nach IAS 39 kann im Unternehmen in folgender Form dargestellt werden, wodurch die gängigen Fälle und Entscheidungsfragen zur Einordnung in eine der dargestellten Kategorien vollständig abgebildet werden:

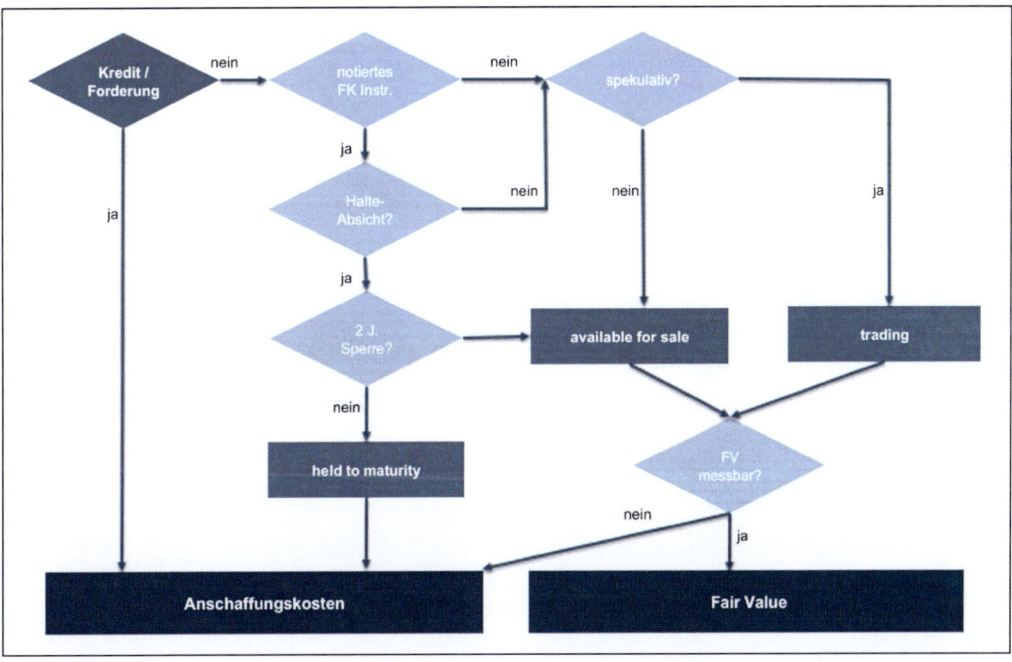

Abbildung 2: Entscheidungsprozess zur Klassifizierung und Bewertung finanzieller Vermögenswerte nach IAS 39; Quelle: eigene Darstellung in Anlehnung an Kehm/Lüdenbach (2008), S. 1497.

Das Verständnis der hier dargestellten Prozesskette sollte zur späteren Ermittlung des Handlungsbedarfs aus der Umstellungsphase 1 wieder herangezogen werden. Gerade in puncto Prozessanpassung bietet sich ein Vergleich des hier dargestell-

---

[60] Vgl. Aschfalk-Evertz (2010), S. 125.

ten Entscheidungsbaums mit dem entsprechenden Pendant zu den Regelungen des IFRS 9 an.

2.4 Erfassung von Wertminderungen bei zu fortgeführten Anschaffungskosten bewerteten Finanzinstrumenten

Die Erfassung von Wertminderungen bei zu fortgeführten Anschaffungskosten gehaltenen Finanzinstrumenten stellt im Rahmen des Replacement-Prozesses eine eigenständige Phase (Phase 2) dar, welche nicht unmerkliche Änderungen mit sich bringt. Grundsätzlich ist Darstellung der Wertminderungen nur bei zu fortgeführten Anschaffungskosten bewerteten Instrumenten von Brisanz, da alle zum Fair Value bewerteten Titel ohnehin direkt an den entsprechenden geänderten Wert bilanziell angepasst werden. Auch wenn grundsätzlich die außerplanmäßige Wertminderung von Vermögenswerten in dem eigenständigen Standard IAS 36 geregelt ist, werden Finanzinstrumente gemäß IAS 36.2 (e) hiervon explizit ausgenommen, weshalb das bilanzierende Unternehmen sich mit Sondervorschriften – in diesem Fall aus den Standards IAS 39 und zukünftig IFRS 9 – auseinander setzen muss.

In IAS 39.63 wird für diesen Fall geregelt, dass eine außerplanmäßige Wertminderung dann durchzuführen ist, wenn der Barwert der zukünftigen Cashflows, der sich aus einer Abzinsung mit dem ursprünglichen Effektivzinssatz ergibt, kleiner als der Buchwert zum jeweiligen Bilanzstichtag ist.

Das eigentlich markante Kriterium der außerplanmäßigen Wertminderung nach den Regelungen des Standards ist, dass sich das in IAS 39 gelebte Paradigma als sogenanntes Incurred-Loss-Modell auszeichnet.[61] Das heißt konkret, dass zwar zu jedem Bilanzstichtag aufs Neue zu überprüfen ist, ob Hinweise für eine Wertminderung des Finanzinstruments gegeben sind, die Wertminderung selbst jedoch nur durchgeführt werden darf, wenn objektive Hinweise vorliegen, dass die Zahlung ausfallen wird.[62] Kennzeichen, wie eine Bonitätsverschlechterung des Schuldners oder ein steigender Marktzinssatz erfüllen die Kriterien des IAS 39.58 noch nicht, wodurch eintretende Verluste ggf. zwar frühzeitig erkannt werden, bilanziell jedoch erst zu einem bedeutend späteren Zeitpunkt erfasst werden können.[63]

---

[61] Vgl. Institute of Chartered Accountants Australia (2012).
[62] Vgl. Schmidt et. al. (2007), S. 51, sowie IAS 39.59.
[63] Vgl. Schmidt et. al. (2007), S. 51, sowie Institute of Chartered Accountants Australia (2012).

2.5 Bilanzierung von Sicherungsgeschäften

Grundsätzlich handelt es sich bei Derivaten um abgeleitete Finanzinstrumente – sprich um Instrumente deren Wert sich wiederum auf einen bestimmten Basiswert beziehen. Dabei stellen sie weder Vermögenswerte im klassischen Sinn, noch Schulden dar und können entweder als eigenständige Position bilanziell erfasst werden oder im Rahmen ein sog. Sicherungsgeschäfts – dem Hedge Accounting.[64] Der Begriff des Hedge Accountings bedeutet übersetzt ins Deutsche in etwa so viel wie Absicherungsrechnungslegung. Dabei ist die Rechnungslegung von Sicherungsgeschäften zur Absicherungen operativer und finanzieller Risiken aus Grundgeschäften gemeint, die mit Hilfe von Sicherungsgeschäften (durch den Einsatz von Finanzinstrumenten) an Dritte weitergegeben werden.[65]

In Summe wird ein effektives Hedge Accounting somit immer dann dargestellt, wenn Basis- und Sicherungsgeschäft – in kombinierter Form – zu einem erfolgsneutralen Ausweis führen, sprich die Verluste des einen mit entsprechenden Gewinnen des anderen Geschäfts zu keiner Gewinnauswirkung führen.[66] Im Rahmen des Umstellungsprozesses des IAS 39 wurde das Hedge Accounting vom IASB durchaus auch tiefer gehenden Änderungen unterworfen und in der 3. Phase des Umstellungsprozesses erneuert.

IAS 39 sah dabei vor, dass sich Sicherungsgeschäfte grundsätzlich aus einem Sicherungsinstrument und einem abzusichernden Grundgeschäft (z.B. Verpflichtungen, Verbindlichkeiten oder auch zukünftige Fremdwährungs-investitionen) zusammensetzen und so das inhärente Risiko des Grundgeschäfts von dem Unternehmen abwenden sollten.[67] Die praktische Umsetzung erfolgt üblicherweise in der Form, dass Termin- oder Optionsgeschäfte abgeschlossen werden, die ein Grundgeschäft mit variablen Ausgang auf ein verträgliches Ergebnis festmachen. Denkbar sind beispielsweise Zinsswaps die zur Absicherung variabel verzinslicher Schuldpositionen abgeschlossen werden und so das Schwankungsrisiko des Zinses auf einen bestimmten Tender oder gar einen fest definierten Zinssatz beschränken.[68] Aufgrund des mixed-model-approaches des IAS 39, würde sich die Bilanzierung eines Sicherungsgeschäfts (also einer Einheit von Grundgeschäft und

---

[64] Vgl. Grünberger (2012), S. 195.
[65] Vgl. Achleitner et. al. (2009), S. 133.
[66] Vgl. Grünberger (2012), S. 200.
[67] Vgl. Achleitner et. al. (2009), S. 133 f..
[68] Vgl. Kehm/Lüdenbach, (2008) S. 1596 f..

absichernden Finanzinstrument) signifikant von der einer getrennten Erfassung von dem Sicherungsinstrument auf der einen und dem Grundgeschäft auf der anderen Seite unterscheiden.

IAS 39.88 legt daher diverse Kriterien fest, die (in Summe) gegeben sein müssen um eine bilanzielle Behandlung als Sicherungsgeschäft zu rechtfertigen.[69] Darunter fallen zum Einen eine exakte (schriftliche) Dokumentation des Grund- und Sicherungsinstruments, sowie der Effektivitätsmessung und des abgesicherten Risikovolumens, wie in IAS 39.IG.F.3.8 gefordert. Ferner gilt es die Sicherungsbeziehung einer Effektivitätsmessung zu unterziehen. Dabei muss – auf Basis einer prospektiven, als auch retroperspektiven Betrachtung – belegt werden, dass die Effektivität des Sicherungsderivats zwischen 80% und 125% beträgt (d.h der Erfolg des Sicherungsderivats muss 80%-125% der Wertänderung des Grundgeschäfts betragen).[70] Sind alle Voraussetzungen erfüllt, so gibt es drei Optionen ein Sicherungsgeschäft anzusetzen (IAS 39.86):[71]

- *Fair Value Hedging*
  Absicherung einer möglichen Änderung des beizulegenden Zeitwerts des Grundgeschäfts, z.B. Schwankungen aus der marktpreisgebundenen Bewertung des Vorratsvermögens. Typischerweise werden Fair Value-Hedges durch Futures oder Optionen (zur Absicherung des Wertes von Rohstoffen oder Wertpapieren) als auch durch Zinsswaps gestaltet.[72]

- *Cashflow Hedging*
  Absicherung der aus dem Grundgeschäft vermuteten Zahlungsströme, z.B. Absicherung von Währungskursrisiken beim Erwerb von Gütern im Ausland. Das heißt, anders als bei den Fair Value-Hedges werden keine bestehenden Bilanzpositionen, sondern zukünftige – wahrscheinliche – Transaktionen abgesichert. Für eine derartige Absicherung eignen sich regelmäßig Forwards oder Futures, mit denen der Beschaffungs- bzw. Absatzpreis der angestrebten Transaktion fixiert wird.[73]

---

[69] Vgl. Achleitner et. al. (2009), S. 134.
[70] Vgl. Grünberger (2012), S. 201.
[71] Vgl. Achleitner et.al. (2009), S. 134 f..
[72] Vgl. Grünberger (2012), S. 204.
[73] Vgl. ebenda, S. 208 f..

- *Hedge of a net investment in a foreign operation*
  Schutz vor wechselkursbedingten Schwankungen des Anteils am Nettovermögen eines ausländischen Geschäftsbetriebs. Dabei hält das Unternehmen eine Beteiligung an einer ausländischen Tochter, deren Gewinnabführung, aufgrund der Gewinnermittlung in Fremdwährung, vor Wechselkursrisiken abgesichert wird. Bilanziell erfolgt die Abbildung ähnlich der des Cash Flow hedges, da es sich im Prinzip auch hier um eine Absicherung von Währungsrisiken handelt.[74]

Das Hedge Accounting wird in der Praxis aufgrund seiner Ergebnis glättenden Wirkung gerne aus bilanzpolitischen Aspekten heraus genutzt. Außerdem ist Hedge Accounting ein beliebtes Mittel risikoaverser Unternehmer um zu vermeiden, dass unbeeinflussbare Risiken das Periodenergebnis verschlechtern.[75]

Ein besseres Verständnis des Hedge Accountings lässt sich anhand eines Beispiels erlangen:[76]

Ein in Euro bilanzierendes Unternehmen geht davon aus, im Januar der Folgeperiode Umsätze i.H.v. 180 Mio. USD zu erwirtschaften. Da das Unternehmen das Risiko eventueller Währungsschwankungen umgehen möchte, erwirbt es einen Terminverkauf zu 0,90 USD / EUR im September der aktuellen Periode. Zum Bilanzstichtag liegt der Kurs bei 0,92 USD / EUR – der Wert des abgeschlossenen Termingeschäfts sei 4,348 Mio. EUR. Die Voraussetzungen zum Ansatz nach IAS 39.88 seien als erfüllt anzunehmen.

Zum Bilanzstichtag wird das Derivat i.H.v. 4,348 Mio. EUR bilanziert und gegen das sonstige Ergebnis verbucht. Bei der tatsächlichen Realisation der Umsätze im Januar wird diese Buchung umgedreht und die Umsatzerlöse i.H.v. 200 Mio. EUR (180 Mio. USD zu 0,90 USD / EUR) gegen Bank verbucht. Wäre der Umsatz zum Kurs des Bilanzstichtags realisiert worden, würden in Euro folglich nur 195,652 Mio. EUR zu Buche stehen, wodurch der Kauf des Derivats positiv zu beurteilen ist.

---

[74] Vgl. KPMG Deutsche Treuhand-Gesellschaft AG (Hrsg.) (2007), S. 155.
[75] Vgl. Grünberger (2012), S. 200.
[76] Vgl. Kirsch (2012), S.124.

3 Umstellung von IAS 39 nach IFRS 9

3.1 Motivation und Zielsetzung

Wie eingangs schon erwähnt wurde, war das Projekt zur Überarbeitung des Standards IAS 39 schon vor der globalen Finanzmarktkrise angegangen worden und wurde durch diese lediglich in seiner Dringlichkeit verstärkt.[77] Durch den vermehrten Druck aus Reihen der Öffentlichkeit und Politik sahen sich der IASB und der FASB im Juni 2010 gezwungen, ihre Priorität kurzfristig auf eine Verbesserung der Vergleichbarkeit und Transparenz der relevanten Standards zu fokussieren.[78] Die Mittel um diese Zielsetzung einer verständlicheren Berichterstattung an die Abschlussadressaten zukünftig gewährleisten zu können, wurde schon 2009 formuliert und stellt sich im Wesentlichen in Form dreier Kernelemente dar:[79]

- Reduzierung der vier Klassifizierungskategorien und Erstellen einer klaren Entscheidungsgrundlage für die Bilanzierung finanzieller Vermögenswerte
- Reduzierung der verschiedenen Wertminderungsmethoden für nicht zum beizulegenden Zeitwert bewertete finanzielle Vermögenswerte auf eine einzelne
- Einbezug des Geschäftsmodells und der Eigenschaften der vertraglichen Cashflows bei der Ausrichtung des Bewertungsmaßstabs

Ferner lag ein großes Bestreben darin, die bilanzielle Abbildung von Sicherungsbeziehungen (Hedge Accounting) zu vereinfachen und die damit verbundenen Detail- und Ausnahmevorschriften in ihrem Ausmaß zu reduzieren.[80]

Die Zielsetzung des IFRS 9 wird vom IASB in der Definition von Rechnungslegungsgrundsätzen zur Behandlung sowohl von finanziellen Vermögenswerten, als auch von finanziellen Verbindlichkeiten gesehen, die dem Abschlussadressaten bezüglich der Höhe, des Zeitpunkts, als auch möglicher Unsicherheiten künftiger

---

[77] Vgl. IFRS Foundation (2012a), S. A336 f..
[78] Vgl. IFRS Foundation (2012b), S. B742.
[79] Vgl. ebenda, S. B743.
[80] Vgl. Deloitte & Touche GmbH Wirtschaftsprüfungsgesellschaft (Hrsg.) (2011), S.3.

Cashflows des Unternehmens, die entsprechenden relevanten und entscheidungsnützlichen Informationen liefern sollen.[81] Damit unterscheidet sich die Zielsetzung auf den ersten Blick nicht von der des Vorgängerstandards. Entscheidend ist vielmehr, dass die angestrebte Zielerreichung, bei einer gleichzeitig deutlich reduzierten Komplexität des Standards, gewährleistet werden sollte.[82] Die entsprechende Reduzierung der Komplexität wurde konsequenter Weise durch eine neue Formulierung der Klassifizierungskategorien (von bislang vier auf zwei) sowie der Anwendung einer einzigen Wertminderungskategorie erreicht.[83] Der Anwendungsbereich ist, anders als im IAS 39,[84] nicht gesondert definiert sondern bestimmt sich gem. IFRS 9.2.1 anhand des IAS 39.[85] Betrachtet man den IFRS 9 als Ganzes, der wie schon der IAS 39 in seinem Umfang eine herausragende Stellung unter den Standards einnimmt, so stellt IASB fest, dass gerade das Element der Klassifizierung und Bewertung finanzieller Vermögenswerte, wie es im Kapitel 3.4 erörtert werden wird, die fundamentale Grundlage eines Standards zur Bilanzierung von Finanzinstrumenten ist, weshalb ihm im Folgenden eine erhöhte Aufmerksamkeit zukommen wird.[86]

3.2 Darstellung des Umstellungsprozesses

Um den Handlungsbedarf der Standardänderung möglichst genau abschätzen zu können, ist es für Unternehmen unerlässlich sich stets über den aktuellen Projektfortschritt informiert zu halten, da dieser maßgeblich für den späteren Aktionsplan (siehe hierzu Kapitel 3.3 f.) ist. Hierbei tritt eine Besonderheit auf den Plan, nämlich die stufenweise Erarbeitung des neuen Standards IFRS 9.

Rückblickend betrachtet wurde der IAS 39 schon 1999 vom IASC (International Accounting Stadards Comitee)[87] als Zwischenlösung (Interim Standard) veröffentlicht, wodurch es nicht überraschend sein dürfte, dass schon lange Zeit vor Ausbruch der globalen Finanzmarktkrise umfangreiche Überlegungen und Vorberei-

---

[81] Vgl. IFRS Foundation (2012a), S.A340.
[82] Vgl. Berentzen (2010), S. 53.
[83] Vgl. IFRS Foundation (2012b), S. B743.
[84] Vgl. Kapitel 2.1.
[85] Vgl. Deloitte & Touche GmbH Wirtschaftsprüfungsgesellschaft (Hrsg.) (2011), S. 8.
[86] Vgl. IFRS Foundation (2012b), S. B734.
[87] Das International Standards Accounting Comitee (IASC) ist die Vorgängerinstitution des International Accounting Standards Board (IASB).

tungen zur Überarbeitung des Standards in Gang waren.[88] Da, wie eingangs erwähnt, die Dringlichkeit des Prozesses in Folge der Finanzmarktkrise und dem damit verbundenen Druck durch die Politik erhöht wurde, wurde der 2009 vom IASB gefasste Beschluss, den IAS 39 en bloc abzulösen verworfen und in Phasen unterteilt um so frühzeitig anwendbare Regeln einsetzen zu können:[89]

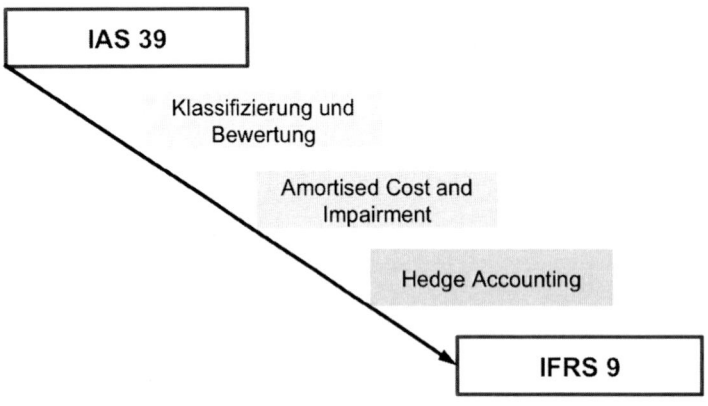

Abbildung 3: Phasen des Projekts „Replacement of IAS 39";
Quelle: eigene Darstellung in Anlehnung an Bundesverband deutscher Banken (2011), S.12.

Durch eine weitere Unterteilung der ersten Phase: Klassifizierung und Bewertung / Classification and Measurement in die Betrachtung finanzieller Vermögenswerte zum Einen und finanziellen Verbindlichkeiten zum Anderen konnte der Board tatsächlich schnell Ergebnisse vorweisen und konnte noch im November des Jahres 2009 IFRS 9: Financial Instruments veröffentlichen, welcher erstmals neue Regelungen zur bilanziellen Behandlung von finanziellen Vermögenswerten enthielt.[90] Die entsprechende Anpassung zu finanziellen Verbindlichkeiten wurden im Oktober des darauf folgenden Jahres veröffentlicht.[91]

Phase 2, die Anpassung der Rechnungslegungsvorschriften zur Behandlung von Wertminderungen im Zusammenhang mit zu fortgeführten Anschaffungskosten bilanzierten Finanzinstrumenten wurde im November des Jahres 2009 als Standardentwurf veröffentlicht und im Januar 2011 um einen Ergänzungsentwurf zu

---

[88] Vgl. Deloitte & Touche GmbH Wirtschaftsprüfungsgesellschaft (Hrsg.)(2011), S. 3.
[89] Vgl. Bundesverband Deutscher Banken (Hrsg.) (2011), S. 13.
[90] Vgl. IFRS (2012).
[91] Vgl. ebenda.

offenen Portfolios ergänzt.[92] Die im Anschluss an die Veröffentlichung eines Entwurfs übliche „Comment period" – also die Phase in der es der fachkundigen Öffentlichkeit offen steht den Entwurf zu kommentieren, Verbesserungsvorschläge anzubringen und ihre Sicht der Dinge dem IASB Kund zu tun – wurde am 01. April 2011 geschlossen. Der IASB ist seither (Stand November 2012) im Begriff die eingereichten Vorschläge zu verarbeiten.[93]

Bezüglich der dritten Ebene – der bilanziellen Behandlung von Sicherungsbeziehungen (sog. Hedge Accounting) – wurde im Dezember 2010 ein Exposure Draft mit Vorschlägen zur Neuregulierung dieses Themengebiets ausgegeben, welcher jedoch noch keine Angaben zum Portfolio Hedging (auch Makro Hedge genannt) enthielt.[94] Eine entsprechende Finalisierung der 3. Phase trieb der Board im September des Jahres 2012 voran, als er einen „draft of forthcoming general hedge accounting requirements" auf seiner Website (http://www.ifrs.org) mit der Erklärung publizierte, die Einbindung dieser Vorschriften in den IFRS 9 noch im Dezember diesen Jahres zu realisieren.[95] Die noch offenen Regelungen zum Macro Hedging werden 2013, anders als üblich, nicht direkt in Form eines Exposure Drafts, sondern zunächst als Discussion Paper veröffentlicht.[96]

Der IFRS 9 als Ganzes sollte ursprünglich erstmals für Geschäftsjahre, die nach dem 01. Januar 2013 beginnen anzuwenden sein, während die Ergebnisse der anderen beiden Phasen nach deren Fertigstellung eingegliedert werden sollten. Allerdings wurde dieses Datum vom IASB um 2 Jahre nach hinten, auf den 01. Januar 2015 verschoben, da man der Komplexität dieses Themas in der Kürze der Zeit nicht Herr werden konnte. Aufgrund weiterer Anpassungen und den ausstehenden Regelungen in puncto Macro Hedging (d.h. Hedge Accounting auf Portfolio-Ebene) sind eine Reihe befragter Bankengruppen sogar der Meinung, dass das Erstanwendungsdatum 01. Januar 2015 noch weiter in die Zukunft verschoben werden könnte.[97] Denkbar wäre auch, dass die Regelungen zum Macro Hedging zum Zeitpunkt des „going live" des IFRS 9 noch kein Teil des Standards sind und dieser zunächst mit den Inhalten der Phasen 1, 2 sowie den Regelungen zum allgemeinen Hedge Accounting in Kraft tritt.[98]

---

[92] Vgl. Deloitte & Touche GmbH Wirtschaftsprüfungsgesellschaft (Hrsg.) (2011), S. 6 f..
[93] Vgl. IFRS (2012).
[94] Vgl. Ernst & Young GmbH Wirtschaftsprüfungsgesellschaft (Hrsg.) (2011), S.3.
[95] Vgl. IFRS (2012).
[96] Vgl. Deloitte & Touche GmbH Wirtschaftsprüfungsgesellschaft (Hrsg.) (2012b), S. 1.
[97] Vgl. Deloitte & Touche Tohmatsu Limited (Hrsg.) (2012b), S. 10.
[98] Vgl. Deloitte & Touche GmbH Wirtschaftsprüfungsgesellschaft (Hrsg.)(2012b), S. 7.

Zum aktuellen Zeitpunkt – November des Jahres 2012 – lässt sich der Projektfortschritt folgendermaßen zusammenfassen:

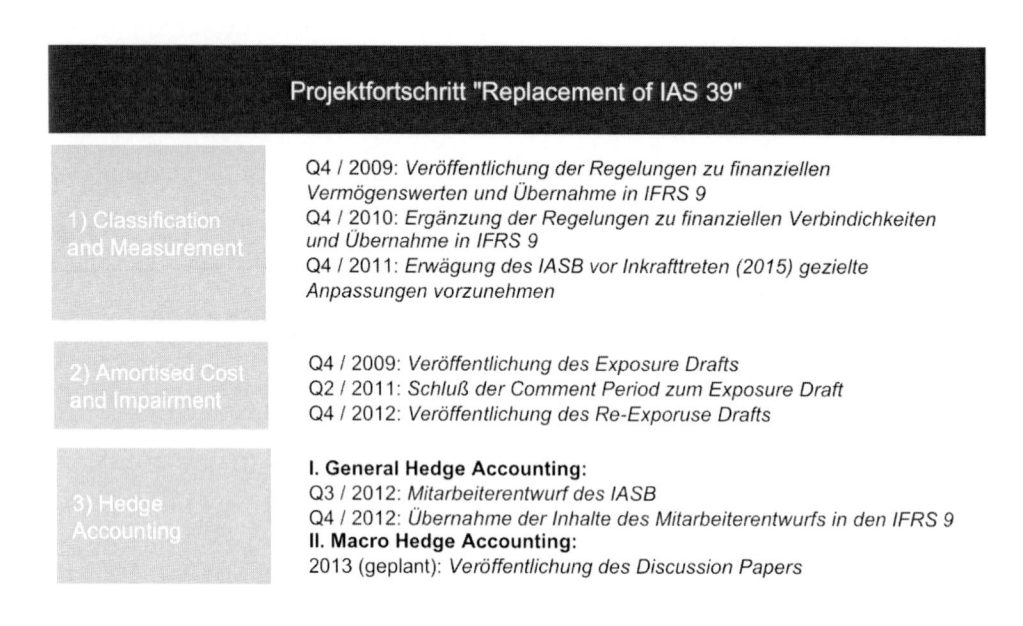

	Projektfortschritt "Replacement of IAS 39"
1) Classification and Measurement	Q4 / 2009: *Veröffentlichung der Regelungen zu finanziellen Vermögenswerten und Übernahme in IFRS 9* Q4 / 2010: *Ergänzung der Regelungen zu finanziellen Verbindichkeiten und Übernahme in IFRS 9* Q4 / 2011: *Erwägung des IASB vor Inkrafttreten (2015) gezielte Anpassungen vorzunehmen*
2) Amortised Cost and Impairment	Q4 / 2009: *Veröffentlichung des Exposure Drafts* Q2 / 2011: *Schluß der Comment Period zum Exposure Draft* Q4 / 2012: *Veröffentlichung des Re-Exporuse Drafts*
3) Hedge Accounting	**I. General Hedge Accounting:** Q3 / 2012: *Mitarbeiterentwurf des IASB* Q4 / 2012: *Übernahme der Inhalte des Mitarbeiterentwurfs in den IFRS 9* **II. Macro Hedge Accounting:** 2013 (geplant): *Veröffentlichung des Discussion Papers*

Projektfortschritt auf Basis des Status Quo am 22.12.2012

Tabelle 5: Fortschritt des Projekts „Replacement of IAS 39";
Quelle: eigene Darstellung basierend auf Kapitel 3.3

Wie man an den Erwägungen zur Anpassung der Ergebnisse der Phase 1: Classification and Measurement erkennen kann, befindet sich das Projekt immer noch im Fluss und ist – trotz beachtlichen Fortschritts – noch nicht endgültig finalisiert.[99]

Zu beachten gilt, dass die beschriebenen Regelungen nur Unternehmen, welche ihren Sitz außerhalb des geltenden EU-Rechts haben, betreffen. Denn auch wenn zunächst beabsichtigt war, eine schnelle Umsetzung der Regelungen in der EU durchsetzen zu können, wurde nach Veröffentlichung der ersten Teilabschnitte durch den IASB beschlossen, die Übernahme bis auf Weiteres zu vertagen.[100]

---

[99] Vgl. ebenda (2012b), S. 1, sowie IFRS (2012).
[100] Vgl. KPMG AG Wirtschaftsprüfungsgesellschaft (Hrsg.) (2011), S. 17.

3.3 Entstehender Handlungsbedarf und Aktionsplan

Dass der Prozess in der beschriebenen Art und Weise gedrittelt wurde, lässt erahnen welche Komplexität und damit auch Handlungsbedarf die Reformierung von Rechnungslegungsgrundsätzen mit sich bringt.

Dabei gibt es zum Einen Handlungsbedarfe, die die Standardumstellung als solche mit sich bringt (bspw. sei hier die Schulung von Mitarbeitern, die Festlegung eines Zeitplans zur Umstellung, die Ausweitung der Anhangangaben, etc. genannt) und für den kompletten Prozess, quasi pauschal, gelten. Der größere Teil der Handlungsbedarfe ergibt sich jedoch aus den einzelnen Umstellungsphasen. Hierbei ist es essentiell, dass Prozesse zur Entscheidungsfindung im Unternehmen schon vor der endgültigen Umstellung an die neuen gesetzlichen Anforderungen angepasst werden und so ein reibungsloser Ablauf gewährleistet werden kann.

Grundsätzlich ist auch bei der Umstellung von Rechnungslegungsvorschriften eine saubere Planung unerlässlich. Unternehmen werden den ersten Handlungsbedarf schon vor dem ersten aktiven Handeln vorfinden, wenn es darum geht einen Aktionsplan zu erstellen, der den kompletten Umstellungsprozess und den entstehenden Handlungsbedarf in den entsprechenden Teilschritten zeigt. Schon mehrere Jahre vor der verbindlichen Einführung des IFRS 9 am 01. Januar 2015 können Unternehmen daher auf eine breite Auswahl von renommierten Beraterhäuser zurückgreifen, die sie hierbei unterstützen.

Ein Blick auf die Internetpräsenzen der Big-Four-Prüfungsgesellschaften[101] lässt erkennen, dass den Unternehmen umfangreiche Beratungsleistungen angeboten werden, um die Umstellung möglichst reibungslos und ohne negative Beeinflussung des Kerngeschäfts vollziehen zu können. Dies lässt sich zum Einen damit begründen, dass die Literaturlage zu diesem Thema noch verhältnismäßig dünn ist und zum Anderen die Umstellung einen sehr unternehmensindividuellen Charakter besitzt, wodurch sich ein allgemein gültiger Aktionsplan kaum kreieren lässt.[102]

Der im Folgenden dargestellte Aktionsplan besteht aus fünf Stufen, von denen jede eine Palette an Unterpunkten und Einzelschritten enthält. Diejenigen Handlungsbedarfe, die sich aus den einzelnen Phasen ergeben sind bei der unternehmensspezifischen Vorgehensplanung in diesen Aktionsplan zu integrieren, werden im Folgenden jedoch separat betrachtet. Grundsätzlich stellt dieser Plan eher eine

---

[101] Gemeint sind die vier größten Wirtschaftsprüfungsgesellschaften PricewaterhouseCoopers, Deloitte Touche Tohmatsu, Ernst & Young sowie KPMG, die einen Großteil der weltweiten Prüfungsaufträge unter sich aufteilen.
[102] Vgl. PricewaterhouseCoopers (Hrsg.) (2010).

grobe Marschrichtung dar, in deren Folge – je nach Unternehmensstruktur – die Handlungsbedarfe aus der Umstellung in den einzelnen Phasen mehr oder weniger stark abgearbeitet werden müssen. Im Rahmen dieses Aktionsplans wird strikt analytisch vorgegangen und die Beschaffung relevanter Informationen vorangestellt, worauf eine Analyse des anstehenden Handlungsbedarfs erfolgt, bevor die Änderungen in einem finalen Schritt dann tatsächlich implementiert werden:

Aktionsplan zur IFRS 9 Standardumstellung

1) Informationsbeschaffung und -vermittlung

2) Bestandsaufnahme

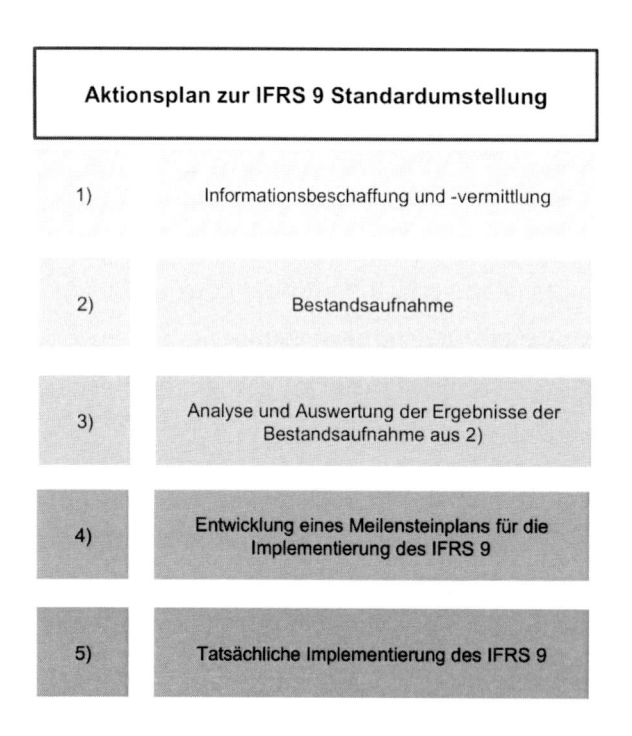

3) Analyse und Auswertung der Ergebnisse der Bestandsaufnahme aus 2)

4) Entwicklung eines Meilensteinplans für die Implementierung des IFRS 9

5) Tatsächliche Implementierung des IFRS 9

Tabelle 6: Aktionsplan zur Standardumstellung von IAS 39 auf IFRS 9;
Quelle: eigene Darstellung basierend auf PricewaterhouseCoopers (Hrsg.) (2010).

Die fünf genannten Handlungsfelder lassen sich weiter auf diverse Teilschritte herunterbrechen:[103]

Zu Aktionshandlung 1) Informationsbeschaffung und –vermittlung:

i. Die direkte Auseinandersetzung mit den Details der neuen Regelungen in IFRS 9 und Schulung des betroffenen Mitarbeiterstabs

ii. Umfangreiche Klärung von Unstimmigkeiten und Verständnisfragen die durch die Auseinandersetzung mit den Inhalten des IFRS 9 entstehen

---

[103] Vgl. ebenda (2010)-

Abhängig von der Unternehmensstruktur und dem Umfang der bilanzierten Finanzinstrumente kann dieser Handlungsschritt mitunter sehr umfangreich sein. Dies wird durch die kontinuierlichen Anpassungen und Nachbesserungen des IASB an den bereits veröffentlichten Teilen des IFRS 9 noch verstärkt, da die jeweiligen Mitarbeiter der Unternehmen sich unter Umständen wieder neu in einzelnen Bereichen informieren und einlesen müssen.[104]

Zu Aktionshandlung 2) Bestandsaufnahme:

i. Bestandsaufnahme der vorhandenen Finanzinstrumente, ihrer aktuellen bilanziellen Behandlung und Strukturierung sämtlicher entscheidungsrelevanter Informationen (z.B. Vertragsgrundlagen)
ii. Vorbereitung der, für die Phase 1) Classification and Measurement zu treffenden, Entscheidungen (z.B. Geschäftsmodell etc.)
iii. Bestandsaufnahme der im Unternehmen gelebten Prozesse, Systeme und Richtlinien gemäß ihrem Soll- und Istzustand

Die hier aufgeführten Bulletpoints betreffen – auch wenn in Bulletpoint 2 explizit die Phase 1 genannt wird – im Grunde alle drei Stufen des Umstellungsprojekts. Sie dienen der Vorbereitung des Abgleichs zwischen dem Ist (unter Beachtung des IAS 39) und dem Soll (unter Beachtung des IFRS 9). Dass explizit Phase 1 genannt wird, liegt vor allem an der Anforderung der retroperspektivischen Einklassifizierung und Bewertung zum Erstanwendungszeitpunkt, welche im Kapitel zum Handlungsbedarf aus der Phase 1 genauer erklärt wird.

Zu Aktionshandlung 3) Analyse und Auswertung der Ergebnisse aus 2) Bestandsaufnahme:

i. Analyse des Einflusses auf die externe Berichterstattung
   a. Ermittlung zwingend vorzunehmender bilanzieller Änderungen (z.B. im Zuge der Kategorisierungsvorschriften der Phase 1)
   b. Ermittlung des Einflusses auf Kennzahlen, Bilanzierungsrichtlinien und latente Steuern
   c. Analyse der Konsequenzen für die bilanzielle Behandlung von Sicherungsbeziehungen und Wertminderungen

---

[104] Vgl. IDW (Hrsg.) (2012).

ii. Analyse des Einflusses auf Prozesse und die Systemlandschaft
   a. Ermittlung der Konsequenzen für künftige Kreditvertragsgestaltungen und das Risikomanagement
   b. Analyse ob ggf. andere Unternehmensbereiche abseits des Finanzmanagements von den Konsequenzen der Umstellung betroffen sein könnten
   c. Vorbereitung notwendiger Anpassungen des Controllingsystems
iii. Workshop und Vorstellung des Aktionsplans gegenüber dem Management

Die logische Konsequenz des 2. Handlungsschrittes findet sich in diesem 3. Punkt wieder. Allein die Informationsbeschaffung und Aufbereitung (Schritt 1 und 2) ist ohne eine Bewertung und Analyse der daraus resultierenden Konsequenzen wertlos. Dabei ist es von enormer Wichtigkeit, diesen 3. Schritt äußerst gründlich und vollständig abzuarbeiten, da die darauf folgende Planung des Umstellungsprojekts auf ihm aufbaut. Werden einzelne Prozesse oder Inhalte nicht korrekt analysiert oder gar vergessen, kann dies Ursache für spätere Probleme im Umstellungsprozess sein.

Zu Aktionshandlung 4) Entwicklung eines Meilensteinplans für die Implementierung des IFRS 9:

i. Definition des frühesten Starts und spätesten Endzeitpunkts der einzelnen Handlungsschritte
ii. Festlegung einzelner Meilensteine und Benennung verantwortlicher Mitarbeiter

Auch wenn die finale Umstellung von IAS 39 auf IFRS 9 noch in weiter Ferne scheint, raten Experten dazu, die notwendigen Schritte schon frühzeitig durchzuführen.[105] Vor allem auch wegen der retroperspektiven Anwendung und der damit verbundenen Notwendigkeit die entsprechenden Anhangangaben zur Entwicklung gegenüber dem Vorjahr bereitstellen zu können, sollten die Systeme idealerweise bereits ab 2014 scharf geschaltet werden und parallel zum bestehenden laufen.[106] Dies zu gewährleisten erfordert die Erstellung eines konsistenten Zeitplans inklusive der Terminierung frühester und spätester Endpunkte der einzelnen Meilenstei-

---

[105] Vgl. PricewaterhouseCoopers (o.J.c).
[106] Vgl. dies. (o.J.b).

ne. Damit sind gewisse Projektfortschrittspunkte gemeint, zu denen der bereits erlangte Fortschritt überprüft und ggf. entsprechend gegengesteuert wird.[107] Gerade bei selten vorkommenden Projekten, wie der hier beschriebenen Standardumstellung, sollten diese Meilensteine möglichst eng aneinander liegen und entsprechende Verantwortlichkeiten definiert werden, um dem Risiko eines Scheiterns des Projekts vorzubeugen.[108]

Zu Aktionshandlung 5) Implementierung der Standardumsetzung:

   iv. Anpassung der Bilanzierung der einzelnen Finanzinstrumente
       a. Durchführung notwendiger Änderungen (z.B. Umklassifizierungen etc.)
       b. Erstellen entsprechender Anhangangaben zu Umstellungseffekten
       c. Anpassung von Bilanzierungsrichtlinien
   v. Anpassung der Prozesse und Systemlandschaft
       a. Anpassung der entsprechenden Prozesse und Entscheidungsketten bei der Bilanzierung von Finanzinstrumenten
       b. Schulung von Mitarbeitern zum praktischen Umgang mit neuen Regelungen
       c. Umprogrammierung eingesetzter IT-Systeme und Anpassung von Selektionskriterien

Erst wenn die Analyse der entsprechenden Handlungsbedarfe erfasst und systemisch analysiert wurde, kann mit der Implementierung der entsprechenden Maßnahmen begonnen werden.[109] Dies beinhaltet im vorliegenden Projekt neben der Anpassung der Prozesse, der Systemlandschaft und der Durchführung von Umklassifizierungen, wie sie z.B. aus Phase 1 entstehen können, auch ein Schulungsprogramm für die betroffenen Mitarbeiter und eine Anpassung der Bilanzierungsrichtlinien des Unternehmens.[110]

Gerade die Anpassung der IT-Systemlandschaft kann unter Umständen einen nicht unmerklichen und vor allem beratungsintensiven Handlungsbedarf für die betroffenen Unternehmen ergeben. Nicht nur für Großbanken, sondern für alle Institute, die

---

[107] Vgl. Buhl (2004), S. 63.
[108] Vgl. ebenda.
[109] Vgl. PricewaterhouseCoopers (o.J.d).
[110] Vgl. dies. (o.J.d).

in einer erhöhten Frequenz mit der Bilanzierung von finanziellen Vermögenswerten in Berührung kommen, wird eine maschinelle Einordnung in die richtige Bewertungskategorie die präferierte Methode sein.[111] Idealerweise sollte allein durch das Setzen entsprechender Parameter im Front-Office-System[112] die korrekte und einheitliche Verarbeitung der finanziellen Vermögenswerte möglich sein.[113] Für weitere Einzelheiten wird an dieser Stelle auf die entsprechenden Abschnitte in der Betrachtung der einzelnen Umstellungsphasen (Kapitel 3.3-3.5) verwiesen.

Auch die erweiterten und über den Rahmen des IFRS 7 hinaus gehenden Angabepflichten, welche der IFRS 9 mit sich bringt (z.B. eine Angabe zu den erwarteten Zahlungsströmen, welche auf der Einzelgeschäftsebene erwartet werden), werden – vor allem Kreditinstitute – zum Handeln zwingen, da sie Maßnahmen einleiten müssen um schon bei der Datenerhebung eine ausreichende Datenqualität sicherstellen zu können.[114]

3.4 Phase 1: Classification and Measurement

In Folge der Darstellung des Aktionsplans im vorangegangenen Kapitel wird nun der Handlungsbedarf aus den einzelnen Phasen – nach ihrem chronologischen Ablauf und beginnend mit Phase 1: Classification and Measurement (zu dt. Klassifizierung und Bewertung) – genauer analysiert.

Nachdem in IFRS 9, ähnlich wie in IAS 39, die Anforderungen an die Klassifizierung und Bewertung von finanziellen Verbindlichkeiten weitgehend simpel sind, und in diesem Bereich der Standardsetter auch keine Änderungen vollzogen hat, werden finanzielle Verbindlichkeiten auch zukünftig zu fortgeführten Anschaffungskosten (Amortised Cost) bewertet und der Blickpunkt hin zu den finanziellen Vermögenswerten verschoben.[115] Sobald ein Unternehmen einen finanziellen Vermögenswert in seine Bilanz aufzunehmen hat, hat es diesen, wie schon bei der Anwendung des IAS 39, im Zeitpunkt der erstmaligen Einbuchung einer bestimmten Kategorie einzuordnen, welche maßgeblich für die spätere Bewertung ist.[116]

---

[111] Vgl. dies. (o.J.a).

[112] Der Front-Office-Bereich beschreibt im Grunde den Ort, an dem der direkte Kundenkontakt entsteht und der Geschäftsabschluss durch einen Bankmitarbeiter im System eingepflegt wird.

[113] Vgl. PricewaterhouseCoopers (o.J.a).

[114] Vgl. ebenda.

[115] Vgl. KPMG Holding AG/SA (Hrsg.) (2011).

[116] Vgl. Berentzen (2010), S. 76 f..

Die entsprechenden Vorschriften wurden durch den Board im November 2009 veröffentlicht.[117] Im Vergleich zu IAS 39 kennt IFRS 9 bei der Klassifizierung eines finanziellen Vermögenswerts jedoch nur noch zwei mögliche Kategorien: „fortgeführte Anschaffungskosten" (Amortised Cost) und „zum beizulegenden Zeitwert" (Fair Value).[118] Mitunter sprechen Experten jedoch von drei möglichen Kategorien, da Eigenkapitalinstrumente, sofern sie nicht zu Handelszwecken erworben wurden, zum beizulegenden Zeitwert und Verbuchung der Ergebnisse im sonstigen Ergebnis (other comprehensive Income) erfasst werden können.[119] Durch diese Reduzierung der Kategorienanzahl sollte die Anforderung einer Reduzierung der Komplexität des Standards erreicht werden. Wie sich schon jetzt an den Bezeichnung der einzelnen Kategorien erkennen lässt, hält der Standardsetter IASB an dem bislang praktizierten mixed measure model – sprich der unterschiedlichen Behandlung eines Vermögenswerts innerhalb eines Standards – fest. Die nachstehende Tabelle 7 verdeutlicht den reduzierten Umfang der möglichen Kategorien in IFRS 9:

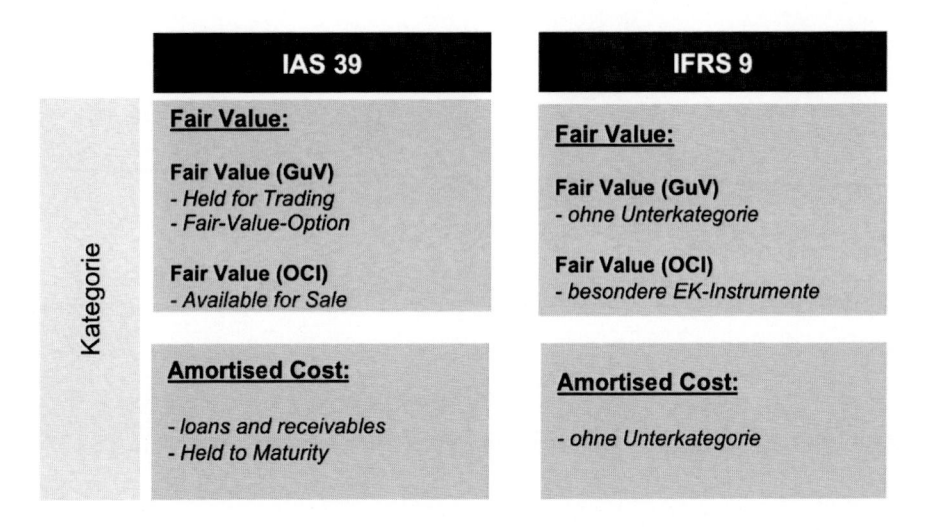

	IAS 39	IFRS 9
Kategorie	**Fair Value:** Fair Value (GuV) - Held for Trading - Fair-Value-Option Fair Value (OCI) - Available for Sale	**Fair Value:** Fair Value (GuV) - ohne Unterkategorie Fair Value (OCI) - besondere EK-Instrumente
	Amortised Cost: - loans and receivables - Held to Maturity	**Amortised Cost:** - ohne Unterkategorie

Tabelle 7: Synopse Klassifizierung und Bewertung nach IAS 39 und IFRS 9;
Quelle: eigene Darstellung in Anlehnung an Bundesverband Deutscher Banken (2011), S.22.

---

[117] Vgl. IFRS Foundation (2012a), S. A337.
[118] Vgl. Deloitte & Touche GmbH Wirtschaftsprüfungsgesellschaft (Hrsg.) (2011), S. 9.
[119] Vgl. Ernst & Young Global Limited (Hrsg.) (2012), S. 41.

Wurde in Kapitel 2.3 schon ausführlich erläutert, an welchen Kriterien Unternehmen die Einklassifizierung ihrer finanziellen Vermögenswerte nach IAS 39 festzumachen haben, so gilt es eine solche Betrachtung auch für die beiden Kategorien des IFRS 9 anzustellen.

Dabei tritt gem. IFRS 9 eine Erneuerung in Kraft, wodurch auch die Verwendungsabsicht im Rahmen des Geschäftsmodells des erwerbenden Unternehmens für die Bewertung maßgeblich ist und nicht ausschließlich die Charakteristika des Finanzinstruments selbst im Vordergrund stehen.[120] Neben der Verwendungsabsicht im Rahmen des Geschäftsmodells bilden die vertraglichen Vereinbarungen hinsichtlich der anstehenden Zahlungsströme das zweite maßgebliche Kriterium welches für die Entscheidung der Einordnung von Bedeutung ist.[121]

3.4.1 Bewertung zu fortgeführten Anschaffungskosten

Gemäß dem Wortlaut des IFRS 9.4.1.2 bedarf es für die Bilanzierung eines finanziellen Vermögenswerts zu Anschaffungskosten zweier Voraussetzungen, welche zeitgleich erfüllt werden müssen:[122]

a. das Geschäftsmodell des Unternehmens muss zum Ziel haben solcherlei Vermögenswerte mit der Absicht zu halten, vertraglich vereinbarte Cashflows zu vereinnahmen

b. aus dem, dem finanziellen Vermögenswert zugrunde liegenden Vertrag geht hervor, dass zu genau definierten Zeitpunkten Cashflows erfolgen, welche lediglich als Tilgungs- oder Zinszahlungen auf den ausstehenden Kapitalbetrag zu sehen sind (Eigenkapitalinstrumente, wie bspw. Aktien, sowie Derivate können dieses Kriterium regelmäßig nicht erfüllen!)[123]

---

[120] Vgl. IDW (Hrsg.) (2009): Brief an das BMJ.
[121] Vgl. Berentzen (2010), S. 77.
[122] Vgl. IFRS Foundation (2012a), S. A348 f.
[123] Vgl. Deloitte & Touche GmbH Wirtschaftsprüfungsgesellschaft (Hrsg.) (2011), S.10.

Zu den beiden Punkten werden vom Board im Standard selbst noch weitere Anwendungsrichtlinien gegeben, um die bilanzierenden Unternehmen mit diesen – gerade was den Punkt a betrifft – etwas abstrakten Kriterien nicht alleine zu lassen. So heißt es, dass das Geschäftsmodell vom „Management in Schlüsselpositionen (wie in IAS 24 definiert) festgelegt wird,"[124] und dies gem. IFRS 9.B4.1.2 nicht „auf Ebene des einzelnen Finanzinstruments, sondern „auf einer höheren Aggregationsebene" vorzunehmen ist. Eine solche „höhere Aggregationsebene wird in IFRS 9.B4.1.2 als „Portfolio von Finanzinstrumenten" bezeichnet. Damit vertritt der Board eine Einschätzung, die mitunter von anderem Institutionen – darunter dem IDW, welches eine Betrachtung auf der Ebene des einzelnen Finanzinstruments für sinnvoller erachtet[125] – nicht geteilt wird. In der Praxis – und hierbei besonders im Bereich der finanzdienstleistenden Unternehmen – wird eine Profit-Center-Rechnung, welche den volatilen beizulegenden Zeitwert der Finanzinstrumente abbildet oder ein variables Vergütungssystem für die verantwortlichen Manager, welches auf den temporären Erfolg barwertiger Gewinne aufbaut, regelmäßig als Indiz dafür gesehen, dass die Absicht ausschließlich vertraglich vereinbarte Zahlungsströme einzunehmen nicht gegeben ist und somit eine Bewertung zu fortgeführten Anschaffungskosten ausscheidet.[126] Eine Halteabsicht, wie sie bspw. in IAS 39 bei den bis zur Endfälligkeit zu haltenden finanziellen Vermögenswerten gegeben sein muss, sollte für die zu fortgeführten Anschaffungskosten bewerteten Titel zwar gegeben sein, doch sind einzelne Verkäufe aus dieser Kategorie grundsätzlich als unschädlich für die Anwendung dieser Kategorie zu beurteilen.[127]

Das zweite Prüfungskriterium schreibt weiterhin vor, dass Zahlungsströme nur Zins- oder Tilgungszahlungen auf den Nominalbetrag enthalten dürfen, was z.B. ausgeschlossen wäre, sobald das Finanzinstrument jedwelche Hebelwirkungen in seiner Ausstattung zeigt.[128] Ferner wird in IFRS 9, App. B4.10 f. definiert, dass die Höhe des Rückzahlungsbetrages in etwa der der ausstehenden Zins- und Tilgungsbeträge entsprechen muss.

Zukünftig besteht für das bilanzierende Unternehmen allerdings, ungeachtet der Erfüllung der beiden o.g. Kriterien des IFRS 9.4.1.2, ferner noch die Möglichkeit den finanziellen Vermögenswert nach IFRS 9.4.1.5 statt in die Kategorie Amortised

---

[124] Vgl. IFRS 9.B4.1.1.
[125] Vgl. IDW (Hrsg.) (2009).
[126] Vgl. Deloitte & Touche GmbH Wirtschaftsprüfungsgesellschaft (Hrsg.) (2011), S. 14.
[127] Vgl. Berentzen (2010), S. 80.
[128] Vgl. KPMG AG Wirtschaftsprüfungsgesellschaft (Hrsg.) (2011), S. 6.

Cost in die Fair Value Kategorie zu designieren.[129] Die Ausnutzung dieser Fair Value Option ist gem. IFRS 9.4.1.5 allerdings unumkehrbar und bedingt die Reduzierung von Inkongruenzen, die beim Ansatz bzw. bei der Bewertung at Cost entstehen würden. Eine solche Rechnungslegungsanomalie läge gem. dem Beispiel IFRS 9.B4.1.30 a) vor, wenn das Unternehmen zusammengehörige finanzielle Vermögenswerte und Schulden aus Versicherungsverträgen hielte, in deren Bewertung (gemeint sind die Schulden aus Versicherungsverträgen) aktuelle Informationen einflössen. Würden die aktivischen Finanztitel zu fortgeführten Anschaffungskosten bewertet und nicht erfolgswirksam zum beizulegenden Zeitwert, ergäben sich in dieser Konstellation Verschiebungen, die den Informationsgehalt des Abschlusses für den Adressaten schmälern würden, was eine Designation sinnvoll macht.

Beschließt ein Unternehmen einen finanziellen Vermögenswert zu den fortgeführten Anschaffungskosten zu bewerten, so ist gemäß IFRS 9.5.1.1 für die Bewertung im Zugangszeitpunkt, der beizulegende Zeitwert zzgl. etwaiger Transaktionskosten maßgeblich. Damit weicht die Regelung des IFRS 9 zumindest in puncto Zugangsbewertung nicht von der des IAS 39 ab, welcher für alle außer der at fair value through profit or loss - Kategorie eine identische Vorgehensweise vorsieht.[130] Die eigentlichen Charakteristika einer anschaffungskostenbasierten Bewertung zeigen sich hingegen erst in der Folgebewertung des finanziellen Vermögenswerts. Hierbei ist für die Bewertung in den Folgeperioden weiterhin die Effektivzinsmethode vorgesehen, wobei ermittelte Wertänderungen generell erfolgswirksam zu erfassen sind.[131]

3.4.2 Bewertung zum beizulegenden Zeitwert

Allein der Titel der zweiten Kategorie lässt im Grunde wenig Zweifel daran, wie eine Folgebewertung der entsprechend erfassten Instrumente zu gestalten sei. So wird in der Kategorie at Fair Value jede Änderung des beizulegenden Zeitwerts direkt in der Gewinn- und Verlustrechnung (GuV) des Unternehmens erfasst. Allerdings gilt es bei der erstmaligen bilanziellen Erfassung von Eigenkapitalin-

---

[129] Vgl. dies. (2012), S. 168.
[130] Vgl. Kapitel 2.3.
[131] Vgl. Berentzen (2010), S. 147.

strumenten sich pro oder contra einer Wahlmöglichkeit zu entscheiden.[132] Denn auch wenn die Folgebewertung in dieser Kategorie grundsätzlich zum beizulegenden Zeitwert erfolgt, besteht hier ein Wahlrecht die Änderungen der beizulegenden Zeitwerts bei Eigenkapitalinstrumenten, welche nicht zu Handelszwecken gehalten werden, nicht erfolgswirksam sondern über das sonstige Ergebnis (Other Comprehensive Income – OCI) zu erfassen.[133] Dieses unwiderrufliche Wahlrecht kann für jedes einzelne Investment dieser Art gesondert ausgeübt werden und hat zur Konsequenz, dass, anders als bei der Fair Value-Bewertung über die GuV, die Transaktionskosten bei der erstmaligen Bilanzierung mit angesetzt werden müssen.[134]

Für alle übrigen finanziellen Vermögenswerte ergibt sich die Einordnung in die Kategorie Fair Value through Profit or Loss aus einer Negativabgrenzung der im vorangegangenen Kapitel erörterten Einordnungskriterien. Erfüllt ein finanzieller Vermögenswert weder das Kriterium der Halteabsicht, noch das der vertraglich vereinbarten Cash-Flow Ströme, ist es zwangsläufig in diese Kategorie einzuordnen.

3.4.3 Änderungen und Handlungsbedarf aus der Umstellungsphase 1

Die Erläuterungen zu den neuen Klassifizierungs- und Bewertungskriterien aus der Standardumstellung führen für Unternehmen zwangsläufig zu einem gewissen Handlungsbedarf. Wie in dem o.g. Aktionsplan schon erwähnt wird, gilt es zum einen die IT-Infrastruktur in einem solchen Maße vorzubereiten, dass die neuen Regelungen bei der späteren Anwendung durch die Mitarbeiter problemlos umgesetzt werden können. Dies umfasst sowohl die Anpassung des User-Interface[135] als auch entsprechende Änderungen im Kontenplan des Unternehmens. Letztere führen mitunter zu einem besonders hohen Handlungsbedarf, da i.d.R. Umgliederungen im System der Kontoführung nötig sein werden.[136] Wurden bspw.

---

[132] Vgl. ebenda, S. 148.
[133] Vgl. Deloitte & Touche GmbH Wirtschaftsprüfungsgesellschaft (Hrsg.) (2011), S. 12.
[134] Vgl. KPMG AG Wirtschaftsprüfungsgesellschaft (Hrsg.) (2011), S.13; sowie IFRS 9.5.1.1.
[135] Vgl. PricewaterhouseCoopers (o.J.b).
[136] Vgl. Deloitte & Touche GmbH Wirtschaftsprüfungsgesellschaft (Hrsg.) (2011), S. 44.

bislang nur kategoriereine Konten geführt (z.B. Forderungen aus Lieferungen und Leistungen, welche unter IAS 39 eindeutig der Kategorie „Kredite und Forderungen" zuzuordnen waren) kann es vorkommen, dass diese zukünftig weiter untergliedert werden müssen. Im Falle der Forderungen aus Lieferungen und Leistungen würde das bedeuten, dass nach Prüfung des Geschäftsmodells und der Zahlungsstrombedingung ggf. festgestellt wird, dass nur ein Teil der Forderungen gegenüber Kreditinstituten die Kriterien zur Bilanzierung zu fortgeführten Anschaffungskosten erfüllen und somit ein Konto mit gemischten Kategorien und entsprechender Buchungssystematik zu erstellen ist.[137]

Eine solche Umstellung des Systems wird in der Praxis in der Regel von IT-Experten abgewickelt und würde bei einer rein prospektiven Anwendung der Regelungen einen immer noch überschaubaren Handlungsbedarf für das Unternehmen bedeuten.

Das Kriterium, welches dem Handlungsbedarf aus der Phase 1 tatsächlich einen nicht unbeachtlichen Umfang verleiht, findet sich jedoch in IFRS 9.7.2.4 wieder. In dem heißt es, dass Unternehmen zum Zeitpunkt der erstmaligen Anwendung, auf Basis der Gegebenheiten in diesem Moment zu beurteilen haben, welcher Kategorie ein finanzieller Vermögenswert zuzuordnen ist und die, sich daraus ergebende Klassifizierung retroperspektiv anzuwenden haben. Das hat zur Konsequenz, dass die Prozesse nicht nur auf zukünftige Zugänge eingerichtet werden müssen, sondern gleichzeitig auf alle im Bestand befindlichen finanziellen Vermögenswerte anzuwenden sind. Aus dieser Tatsache ergibt sich der signifikanteste Handlungsbedarf aus Phase 1, nämlich die Untersuchung aller im Bestand befindlicher Titel bei gleichzeitig prospektiver Implementierung des folgenden Entscheidungsbaums:

---

[137] Vgl. ebenda.

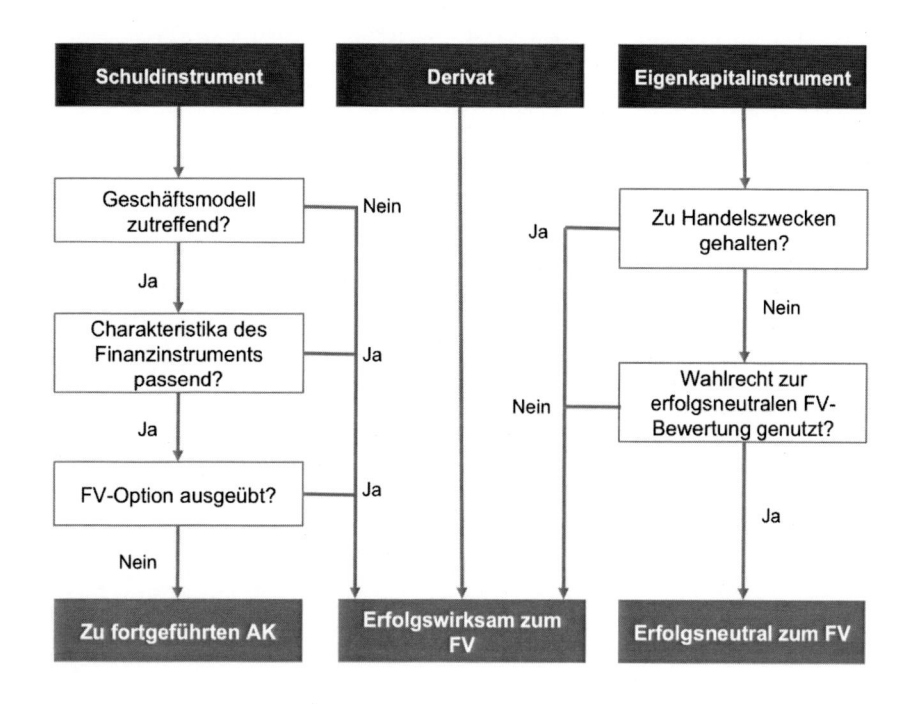

Abbildung 4: Entscheidungsprozess zur Bewertung finanzieller Vermögenswerte nach IFRS 9;
Quelle: eigene Darstellung in Anlehnung an Ernst & Young Global Limited (Hrsg.) (2012), S. 41.

Das Wahlrecht zur Einordnung von Eigenkapitalinstrumenten in die FVTOCI Kategorie ist hierbei gem. IFRS 9.8.2.7 b) und IFRS 9.B7.2.1 auf für bereits im Bestand befindliche Titel gegeben.

In der Praxis wird sich aus der o.g. Prüfung der bestehenden Titel in den meisten Fällen ein erheblicher Umbuchungsbedarf ergeben. Vor allem im Bereich der marktnotierten Schuldtitel (unter IAS 39 nicht zu fortgeführten AK bewertet) werden sich Umgliederungen ergeben (hierbei wird regelmäßig der beizulegende Zeitwert die neue Basis für die Bewertung zu fortgeführten AK bieten), da diese unter IFRS 9 als zu fortgeführten AK einzuordnen sind. [138]

Was bei der Notwendigkeit der Neubeurteilung nicht vergessen werden darf, ist die z.T. lückenhafte Datenhaltung in der Praxis. Speziell für Kredite, die zum Fair Value zu bilanzieren sind und für deren Fair Value Ermittlung (per Discounted-Cashflow-Verfahren) in der Vergangenheit häufig nicht die notwendigen Daten aufgezeichnet wurden, wird eine umfangreiche Analyse der bestehenden Altverträge nötig sein um die Neubeurteilung überhaupt korrekt durchführen zu können. [139]

---

[138] Vgl. Deloitte & Touche GmbH Wirtschaftsprüfungsgesellschaft (Hrsg.) (2011), S. 46.
[139] Vgl. PricewaterhouseCoopers (o.J.b).

Die gewonnenen Erkenntnisse werden die Unternehmen in den meisten Fällen zudem noch manuell in das System einpflegen müssen.[140]

Aus den gewonnenen Erkenntnissen dieses Kapitels lassen sich aus der Umstellungsphase 1 die folgenden Handlungsnotwendigkeiten (in komprimierter Form) evaluieren:

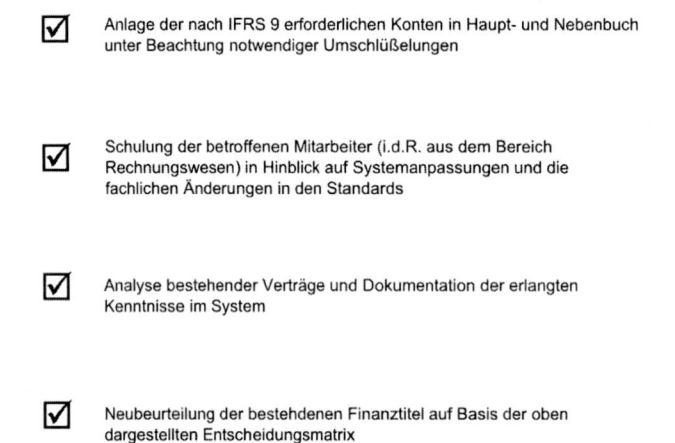

- ☑ Anlage der nach IFRS 9 erforderlichen Konten in Haupt- und Nebenbuch unter Beachtung notwendiger Umschlüßelungen

- ☑ Schulung der betroffenen Mitarbeiter (i.d.R. aus dem Bereich Rechnungswesen) in Hinblick auf Systemanpassungen und die fachlichen Änderungen in den Standards

- ☑ Analyse bestehender Verträge und Dokumentation der erlangten Kenntnisse im System

- ☑ Neubeurteilung der bestehdenen Finanztitel auf Basis der oben dargestellten Entscheidungsmatrix

- ☑ Review der durchgeführten Änderungen auf Aufbereitung der Auswirkungen auf das Ergebnis für die Geschäftsleitung

Tabelle 8: Handlungsbedarf aus der 1. Phase des Umstellungsprozesses; Quelle: eigene Darstellung basierend auf Kapitel 3.3.

3.5 Phase 2: Amortised Cost and Impairment

In der zweiten Phase des Umstellungsprojekts „Amortised Cost and Impairment" spiegelt sich im Grunde die Fortsetzung der ersten Phase wieder. Auch wenn die in Phase 1 geschaffene Kategorie „at fair Value" keine signifikanten Fragen bezüglich der Wertminderung finanzieller Vermögenswerte offen lässt, fehlen konkrete Vorschriften zu der Behandlung von Wertminderungen bei zu „at cost"-geführten Titeln. Vorab sei erwähnt, dass ein Großteil der internationalen Bankengruppen

---

[140] Vgl. ebenda.

erwartet, dass die Änderungen die diese Phase mit sich bringt den größten Einfluss auf das bestehende Geschäftsmodell haben wird.[141]

3.5.1 Expected-Loss-Modell

Schon bei der Betrachtung des IAS 39 und den dort festgehaltenen Vorschriften zum Thema außerplanmäßige Wertminderung von zu fortgeführten Anschaffungskosten gehaltenen Finanzinstrumenten wurde erwähnt, dass das bestehende Incurred-Loss-Modell bevorstehende Verluste erst beim Vorliegen objektiver Indizien („loss- oder Trigger-Event"[142]) bilanziell erfasst werden können. Kritik an dieser Vorgehensweise kam vor allem im Zuge der Finanzkrise auf, als deutlich wurde, dass dadurch Verluste erst zu spät und verstärkt in Zeiten wirtschaftlichen Abschwungs ans Tageslicht kommen.[143] Damit führte der IAS 39 zu einem retroperspektiven Handeln, das die Erwartungen des Managements bezüglich der künftigen Marktentwicklung komplett außer Acht lies.[144] Mit dem Einsatz des IFRS 9 kommt nun ein Paradigmen-Wechsel zum tragen und es wird nicht mehr nach dem Incurred-Loss-Modell bilanziert, welches Ausfallereignisse erst mit ihrem Eintritt verarbeitet, sondern nach dem Expected-Loss-Modell, welches die entstehenden Verluste mittels Portfoliowertberichtigung über die Restlaufzeit verteilt und so systematische Verzerrungen abbaut.[145] Diese Berücksichtigung zukünftiger Verluste – in der folgenden Grafik als „Risikoverluste" betitelt - werden in periodischen Abständen neu eingeschätzt.[146] In gleicher Höhe werden dann die vereinnahmten Zinserträge aus den ausgegebenen Krediten als „Puffer" zurückgelegt und in die Rücklagen eingestellt, welche im Falle eines Kreditausfalls dann gegengerechnet werden können.[147]

---

[141] Vgl. Deloitte & Touche Tohmatsu Limited (Hrsg.) (2011), S. 9.
[142] Grünberger (2011), S.128.
[143] Vgl. Institute of Chartered Accountants Australia (2012).
[144] Vgl. Bundesverband Deutscher Banken (Hrsg.) (2011), S. 25.
[145] Vgl. Grünberger (2011), S. 146.
[146] Vgl. Bundesverband Deutscher Banken (Hrsg.) (2011), S. 25.
[147] Vgl. ebenda.

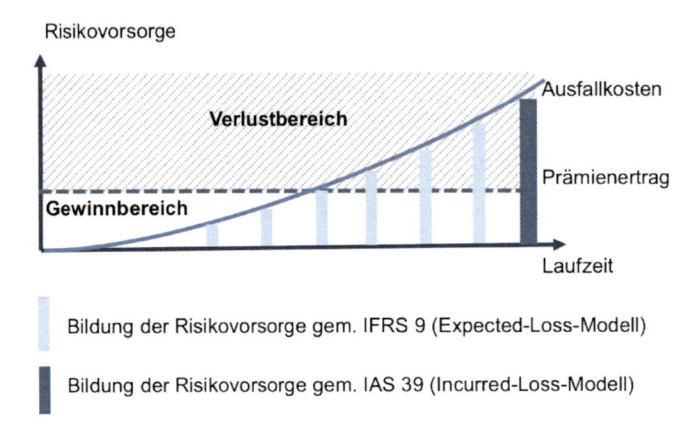

Abbildung 5: Schematische Darstellungen der IFRS 9 Impairment-Regelungen;
Quelle: eigene Darstellung in Anlehnung an Grünberger (2012), S. 143.

3.5.2 Three-Bucket-Approach

Die praktische Umsetzung dieses Expected-Loss-Modells beschloss der IASB im Rahmen diverser Boardsitzungen zum Jahreswechsel 2011/2012, in denen die Anwendung eines sogenannten Three-Bucket-Approaches konkretisiert wurde.[148]
Dabei werden die finanziellen Vermögenswerte in drei verschiendenen „Körben" / „Buckets" geclustert. Im ersten Korb werden dabei die finanziellen Vermögenswerte eingeordnet, die keine bzw. unwesentliche Verschlechterung der Kreditqualität (im Vergleich zum Erstansatz) aufweisen.[149] Zunächst werden diesem Korb alle Titel bei ihrem Erstansatz zugeordnet (unabhängig von der Ausfallwahrscheinlichkeit) und eine Risikovorsorge für die, in den kommenden 12 Monaten erwarteten Ausfälle gebildet.[150] Dem gegenüber stehen die Buckets 2 und 3, in welche all jene Titel umgegliedert werden, deren Ausfallrisiko im Laufe ihres Bestehens wesentlich steigt. Die Unterscheidung zwischen den Körben 2 und 3 betrifft ferner lediglich die

---

[148] Vgl. Ernst & Young Global Limited (Hrsg.) (2012), S. 45.
[149] Vgl. ebenda.
[150] Vgl. Deloitte & Touche Tohmatsu Limited (Hrsg.) (2012), S. 1.

betrachtete Einheit – während Bucket 2 das Ausfallrisiko auf Portfolioebene betrachtet, erfolgt die Betrachtung in Bucket 3 auf der Ebene des einzelnen finanziellen Vermögenswerts.[151] Grundsätzlich entspricht die Umgliederung von Bucket 1 in Bucket 2 bzw. (i.d.R. nach vollständigem Ausfall) in Bucket 3 der Zunahme des Verschlechterungsgrades der Kreditqualität.[152] Entscheidender ist die Auswirkung der Umgliederung in die Buckets 2 bzw. 3 jedoch im Hinblick auf die zu bildende Risikovorsorge, da sich deren Horizont von 12 Monaten (wie im Bucket 1) auf die gesamte Restlaufzeit des Titels verlängert.

Die Bandbreite der allgemeinen und spezifischen Indikatoren, die eine Umgliederung in Bucket 2 oder 3 zur Folge haben, ist weit gefasst. Dies wird für die Unternehmen bei der Einführung des neuen Standards einen großen Aufwand bedeuten, da mitunter nicht alle der angeführten Indikatoren bislang erfasst und reportet wurden. Mögliche Indikatoren – sowohl allgemeiner als auch spezifischer Art – können beispielsweise die folgenden sein:

Allgemeine Indikatoren		- Änderung der allgemeinen Wirtschaftslage - Änderungen von Markt- und Branchenindikatoren - Änderung der gestellten Sicherheiten - etc.
spezifische Indikatoren	Kredite an Geschäftskunden	- Branchentrends - Lokales Geschäftsklima - Managementqualität und Bilanzkennzahlen - etc.
	Kredite an Privatkunden	- Arbeitslosenquote - Kreditscore - Insolvenzanträge - etc.
	Schuldrechtliche Wertpapiere	- Marktwertinformationen

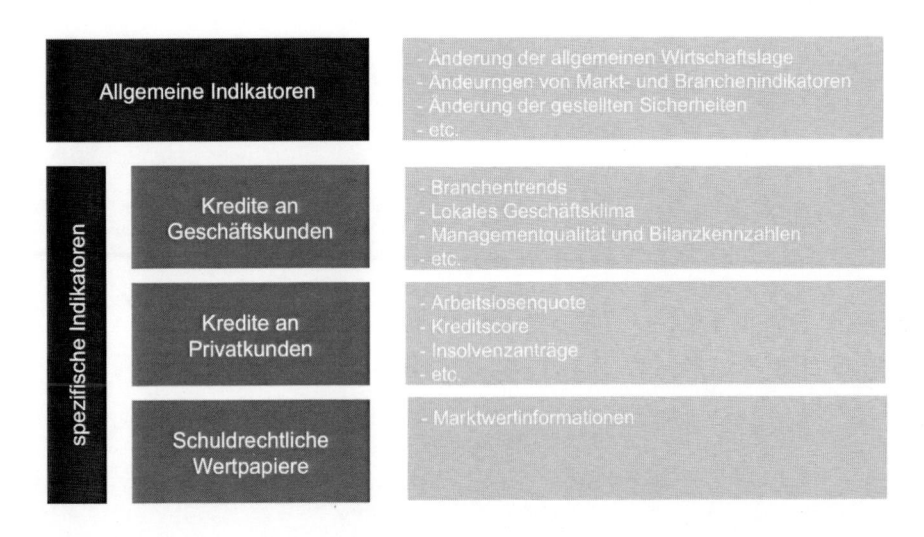

Tabelle 9: Vorschlag allgemeiner und spezifischer Indikatoren für Kredite und schuldrechtliche Wertpapiere; Quelle: eigene Darstellung in Anlehnung an Ernst & Young Global Limited (Hrsg.) (2012), S. 46.

Ein großer Teil der europäischen, asiatischen und nordamerikanischen Bankengruppen ist der Meinung, dass die treffende Festlegung dieser Indikatoren eine der größten Herausforderungen im Rahmen dieser Phase darstellt.[153]

---

[151] Vgl. Ernst & Young Global Limited (Hrsg.) (2012), S. 45., sowie Deloitte & Touche Tohmatsu Limited (Hrsg.) (2012), S. 1 f..
[152] Vgl. KPMG AG Wirtschaftsprüfungsgesellschaft (2012a).
[153] Deloitte & Touche Tohmatsu Limited (Hrsg.) (2012b), S. 17.

3.5.3 Änderungen und Handlungsbedarf aus der Umstellungsphase 2

Für Banken bedeuten die dargestellten Änderungen, dass sie sich zukünftig darauf einstellen müssen, das Zusammenspiel ihres Risikomanagements mit der Steuerung von Krediten auf Portfolioebene noch stärker in Einklang zu bringen um so eine sinnvolle Anwendung und Ermittlung der erwarteten Verluste (z.B. mit Hilfe der Kriterien Ausfallwahrscheinlichkeit und durchschnittlicher Ausfallhöhe) gewährleisten zu können.[154] Denkt man die Anwendung des Wechsels, hin zu einem Expected-Loss-Modell konsequent zu Ende, tritt hier für viele Banken ein weiterer Handlungsbedarf im Hinblick auf die Gestaltung der Risikoprämie auf. Zukünftig werden diese, bei der Vergabe von Krediten die erwarteten Kreditausfälle, in der vereinnahmten Risikoprämie in Form eines dynamic provisioning berücksichtigen und die Preisgestaltung der angebotenen Produkte anpassen müssen.[155] Das resultiert aus dem oben beschriebenen Sachverhalt, dass der erfolgswirksamen Verbuchung der Risikoprämie, die bei Vereinnahmung der Zinserträge entsteht, künftig die Bildung einer Rückstellung (für die erwarteten Verluste / expected losses) oder auch einer Pauschalwertberichtigung entgegen steht und so neutralisiert werden muss.[156] Eine tatsächliche negative Auswirkung auf das Betriebsergebnis des jeweiligen Instituts tritt folglich nur dann ein, wenn der gebildete Kapitalpuffer (in Form der Rückstellungen bzw. PWB) in seiner Höhe nicht ausreicht um die tatsächlichen Kreditausfälle zu kompensieren.

Zusammenfassend kann man festhalten, dass die Regelungen zur Behandlung von Wertminderung bei at cost-geführten Titeln zunächst simpel klingen, ihre Umsetzung jedoch einen Aufwand für Unternehmen bedeutet. Vor allem die Tatsache, dass künftig nicht mehr nur eingetretene Ereignisse für die Wertminderung von Bedeutung sind, sondern „ein Blick in die Zukunft" nötig ist um die erwarteten Ausfälle zu prognostizieren erfordert die Implementierung einer umfangreichen Reportingstruktur. Folgt man einer Umfrage unter 56 Großbanken stellt eben diese Datenerhebung zur Bestimmung der zukünftig erwarteten Verluste (sowohl über die kommenden 12 Monate als auch über die gesamte Laufzeit des finanziellen Vermögenswerts) für 79% den mit Abstand größten Handlungsbedarf im Rahmen

---

[154] Vgl. Bundesverband Deutscher Banken (Hrsg.) (2011), S. 27.
[155] Vgl. Haaker (2009), S. 339 sowie Deloitte Touche Tohmatsu Limited (Hrsg.) (2012b), S. 19.
[156] Vgl. Haaker (2009), S. 339.

der Einführung des Expected Loss-Modells dar.[157] Betrachtet man die zu beschaffenden Daten zur korrekten Beurteilung der Wertminderung in Summe, sind lediglich 14% der befragten Bankengruppen der Auffassung, dass für ihr Haus kein Handlungsbedarf in diesem Bereich besteht.[158]

Für eine erfolgreiche Umsetzung der Phase 2: Amortised Cost and Impairment lassen sich zusammenfassend die folgenden Handlungszwänge darstellen:[159]

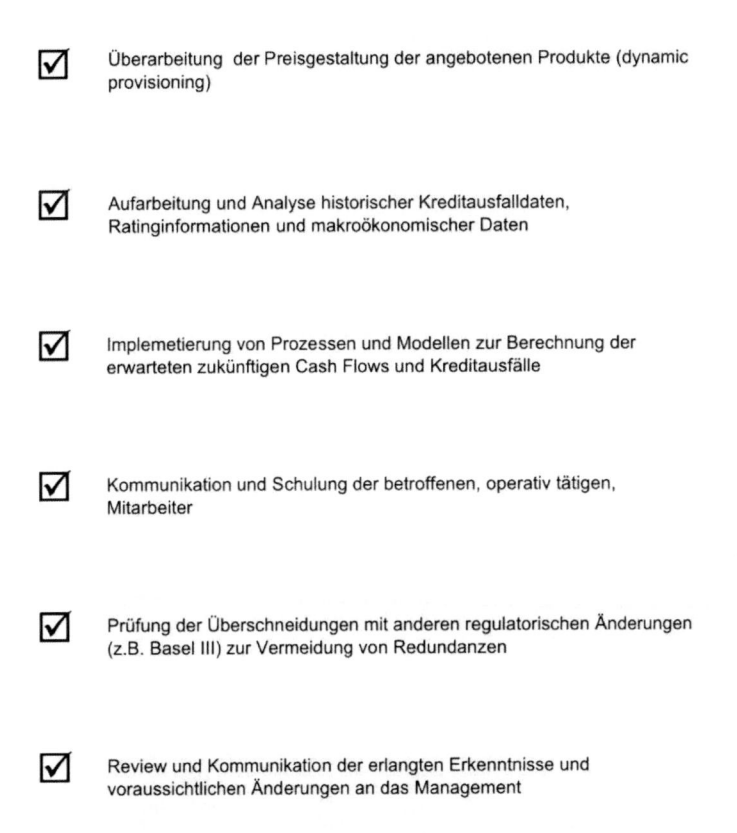

- ☑ Überarbeitung der Preisgestaltung der angebotenen Produkte (dynamic provisioning)

- ☑ Aufarbeitung und Analyse historischer Kreditausfalldaten, Ratinginformationen und makroökonomischer Daten

- ☑ Implemetierung von Prozessen und Modellen zur Berechnung der erwarteten zukünftigen Cash Flows und Kreditausfälle

- ☑ Kommunikation und Schulung der betroffenen, operativ tätigen, Mitarbeiter

- ☑ Prüfung der Überschneidungen mit anderen regulatorischen Änderungen (z.B. Basel III) zur Vermeidung von Redundanzen

- ☑ Review und Kommunikation der erlangten Erkenntnisse und voraussichtlichen Änderungen an das Management

Tabelle 10: Handlungsbedarf aus der 2. Phase des Umstellungsprozesses;
Quelle: eigene Darstellung basierend auf Kapitel 3.4.

---

[157] Vgl. Deloitte Touche Tohmatsu Limited (Hrsg.) (2011), S. 21.
[158] Vgl. ebenda, S. 20.
[159] Vgl. Institute of Chartered Accountants Australia (2012).

3.6 Phase 3: Hedge Accounting

Im Bereich des Hedge Accountings, also der bilanziellen Abbildung von Sicherungsgeschäften, fanden vor allem die erhofften Verbesserung im bisher äußerst restriktiv gehaltenen Bereich der Effektivitätsbeurteilung/Adjustierung und der Dokumentation statt.[160] Doch auch die Punkte Risikomanagement und die Absicherung von Nettopositionen standen auf der Agenda des IASB. Insgesamt soll das Hedge Accounting damit deutlich transparenter und stärker mit der ökonomischen Risikosteuerung des Unternehmens in Einklang gebracht werden, was für Unternehmen auf Dauer zwar eine Erleichterung im Umgang mit diesen Vorschriften bringen dürfte – auf die kurze Sicht jedoch auch einen gewissen Handlungsbedarf bedeutet.[161] Bevor die einzelnen Änderungsschritte und der daraus folgende Aktionsbedarf für die Unternehmen im Detail angegangen werden, soll die nachstehend Abbildung einen Überblick auf die einzelnen Änderungsschritte geben, welche im Arbeitsentwurf der IASB Mitarbeiter (und damit in der quasi endgültigen Version der Phase 3) am 07. September 2012 veröffentlicht wurden.[162]

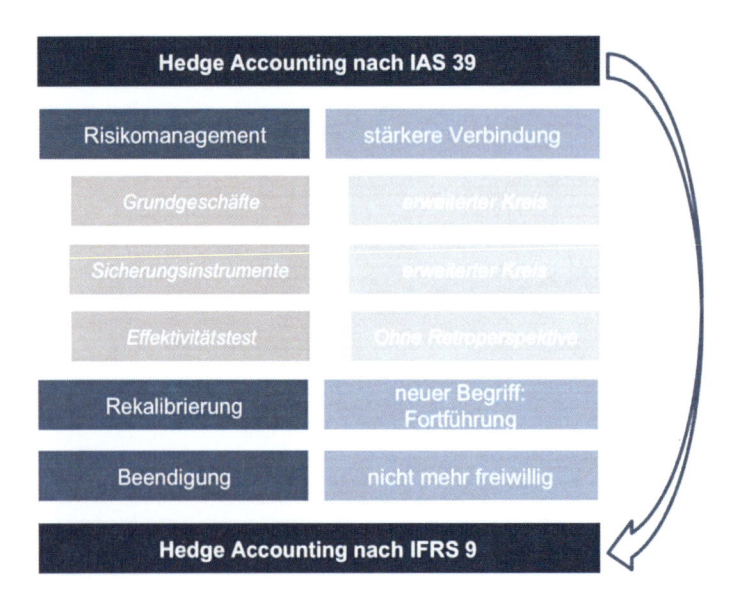

Abbildung 6: Änderungen im Hedge Accounting;
Quelle: eigene Darstellung in Anlehnung an Deloitte & Touche GmbH Wirtschaftsprüfungsgesellschaft (Hrsg.) (2012), S.2.

---

[160] Vgl. Bundesverband Deutscher Banken (Hrsg.) (2011), S. 28.
[161] Vgl. PricewaterhouseCoopers (2012).
[162] Vgl. KPMG AG Wirtschaftsprüfungsgesellschaft (2012).

3.6.1 Risikomanagement

Die bilanzielle Darstellung des Risikomanagements soll künftig dazu führen, dass sich das betriebliche Risikomanagement – sofern hierfür Finanzinstrumente eingesetzt wurden - im IFRS-Abschluss widerspiegelt.[163] Dabei muss nach dem Wortlaut des IAS 39 nicht zwingend ein Gleichlauf zwischen den allgemeinen Zielen des Risikomanagements des Unternehmens und denen der Bilanzierung von Sicherungsbeziehungen bestehen, was mit IFRS 9, der stärkeren Verbindungen und den folgenden Dokumentationspflichten gekippt wurde.[164] Konsequenter Weise ergibt sich aus dieser Annäherung ein gewisser Anpassungsbedarf für die Unternehmen. Allein durch die eben erwähnten Dokumentationsauflagen, die Unternehmen dazu zwingen durch die neuen Regelungen des IFRS 9 ein Dokumentationssystem zu implementieren, dass – idealerweise schon beim erstmaligen Ansatz des entsprechenden Sicherungsinstruments – sicher stellt, dass die dahinterliegenden Absichten in der erforderlichen Art und Weise dokumentiert werden. So kann bei den folgenden Abschlussprüfungen ohne große Umstände festgestellt werden, ob der erforderliche Einklang mit der allgemeinen Risikomanagementpolitik gegeben ist. Ferner verbergen sich unter der Zielsetzung der stärkeren Verbindung noch die drei Unterpunkte „Grundgeschäfte", „Sicherungsinstrumente" und „Effektivitätstest" auf welche im Folgenden detailliert eingegangen werden wird.

3.6.1.1 Grundgeschäfte

Ein Bestandteil der verstärkten Verbindung zwischen allgemeinem Risikomanagement und Hedge Accounting liegt den neuen Vorschriften zur Designation der Grundgeschäfte. Grundgeschäfte – sog. Hedge Items - bezeichnen dabei die abzusichernden Vermögenswerte, deren Wertschwankungen durch den Einsatz von Sicherungsinstrumenten – sog. Hedge Instruments – ausgeglichen werden sollen.[165] Künftig werden auch nicht-finanzielle Finanzinstrumente mit in das Spekt-

---

[163] Vgl. Deloitte & Touche GmbH Wirtschaftsprüfungsgesellschaft (Hrsg.)(2012), S.2.
[164] Vgl. Ernst & Young GmbH Wirtschaftsprüfungsgesellschaft (Hrsg.) (2011), S.4, sowie Deloitte & Touche GmbH Wirtschaftsprüfungsgesellschaft (Hrsg.)(2012), S.2.
[165] Vgl. Heno (2011), S. 480.

rum möglicher Grundgeschäfte mit aufgenommen.[166] Das heißt zunächst einmal, dass alle Grundgeschäfte die unter IAS 39 herangezogen werden konnten auch zukünftig als solche in Betracht kommen, darunter:[167]

- finanzielle Vermögenswerte und Verbindlichkeiten,
- bilanzunwirksame Verpflichtungen (firm commitments),
- höchstwahrscheinlich, künftig eintretende Transaktionen (forecast transactions) und
- Nettoinvestitionen in einen ausländischen Geschäftsbetrieb (net investments in a foreign operation)

Zusätzlich wird zukünftig die Möglichkeit gegeben sein Risiko-Komponenten (darunter auch nicht-finanzielle Finanzinstrumente), Nettopositionen und aggregierte Risikopositionen zu designieren.[168]

In puncto Risiko-Komponenten werden künftig vermutlich bedeutend mehr nicht-finanzielle Posten für eine Designation als Grundgeschäft hergenommen werden, was vor allem Nicht-Banken sehr entgegen kommen dürfte, da dadurch weitaus mehr Sicherungen auch als Sicherungsbeziehung bilanziert werden.[169] Dabei ist es nach Aussage des Arbeitsentwurfs zum Hedge Accounting nur noch wesentlich, dass die Risiko-Komponente identifizierbar und verlässlich bewertbar ist – nicht mehr hingegen, ob der Posten finanziellen oder nicht-finanziellen Charakter hat.[170] Im einfachsten Fall ist die Risikokomponente dabei schon vertraglich festgelegt (ist sie es nicht ist dies zunächst jedoch nicht schädlich für die Sicherungsbilanzierung). Ein Beispiel hierfür wären Versorgungsverträge mit Gaslieferern die Preisgleitklauseln enthalten, welche an den Preis für Heizöl gekoppelt sind und so eine variable – risikoabhängige – Komponente enthalten.

Durch das erweiterte Spektrum möglicher Grundgeschäfte dürfte davon auszugehen sein, dass Unternehmen (darunter va. Nicht-Banken) den Umfang seiner bilanzierten Sicherungsbeziehungen tendenziell auszuweiten, was zwangsläufig einen gewissen Handlungsbedarf mit sich bringt. Da die Identifizierbarkeit und Bewertbarkeit für die Designation als Grundgeschäft gegeben sein muss, werden Unternehmen die Marktstruktur umfangreich analysieren müssen um die Auswir-

---

[166] Vgl. KPMG AG Wirtschaftsprüfungsgesellschaft (2012).
[167] Vgl. Ernst & Young GmbH Wirtschaftsprüfungsgesellschaft (Hrsg.) (2011), S. 7.
[168] Vgl. KPMG AG Wirtschaftsprüfungsgesellschaft (2012).
[169] Vgl. Ernst & Young GmbH Wirtschaftsprüfungsgesellschaft (Hrsg.) (2011), S.8.
[170] Vgl. ebenda.

kungen der jeweiligen Preise auf die Risiko-Komponente auswirkt.[171] In diesem Kontext kann man davon ausgehen, dass diese Analyse einen abteilungsübergreifenden Prozess darstellt, welcher die Mitarbeiter aus den Bereichen Verkauf, Beschaffung sowie Finanzmanagement fordern wird.[172] Hierzu sollten schon vor der tatsächlichen Anwendung der neuen Standardregeln Abläufe und Prozesse definiert, die Mitarbeiter einander bekannt gemacht, und Musterdateien / -Programme implementiert werden, um später einen reibungslosen Ablauf gewährleisten zu können.

3.6.1.2 Sicherungsinstrumente

Neben der Erweiterung der Bandbreite möglicher Grundgeschäfte überarbeitet der IASB in den neuen Regelungen zum Hedge Accounting auch die Vorschriften bezüglich der in Frage kommenden Sicherungsgeschäfte. Anders als unter IAS 39 soll es Unternehmen künftig möglich sein, sowohl alle finanziellen Vermögenswerte, als auch alle finanziellen Verbindlichkeiten, welche zum beizulegenden Zeitwert bewertet werden als Sicherungsinstrumente zu designieren. Auch wenn die bestehenden Einzelregelungen zu der Frage, was unter IFRS 9 als Sicherungsinstrument designiert werden darf und was nicht, mitunter sehr umfangreich sind, lässt sich die wesentliche Veränderung darauf reduzieren, dass zukünftig neben derivativen auch nicht-derivative (orginäre) finanzielle Vermögenswerte designiert werden dürfen.[173]

Die einzelnen Regelungen, die hierzu im IFRS 9 detailliert werden (beispielsweise genannt seien an dieser Stelle gewissen Einschränkung bei finanziellen Verbindlichkeiten und Eigenkapitalinstrumenten, deren Änderungen nicht in der GuV sondern im OCI erfasst werden) führen an sich zu keinem sehr umfangreichen Handlungsbedarf. Unternehmen sollten sich dennoch im Vorfeld genau mit den Details und Einschränkungen des neuen Standards vertraut machen um die Bandbreite der zukünftig möglichen Sicherungsinstrumente zu kennen.

---

[171] Vgl. Ernst & Young Global Limited (Hrsg.) (2012), S. 48.
[172] Vgl. ebenda.
[173] Vgl. Fuß/Kunert (2012), S.82.

3.6.1.3 Effektivitätstest

Im Kapitel 2.5 wurde schon darauf eingegangen, dass Unternehmen bei der bilanziellen Erfassung von Sicherungsbeziehungen darauf zu achten haben, dass das absichernde Instrument die nötige Effektivität zur Abdeckung der dem Zielgeschäft inhärenten Risiken mit sich bringt (Effektivitätstender im Bereich von 80%-125%). Diese verhältnismäßig restriktive Vorschrift wird künftig durch einen eher prinzipienbasierten Ansatz ersetzt, welcher lediglich aus einer prospektiven Betrachtungsweise abzuleiten ist und nicht mehr aus einer sowohl retro- als auch prospektiven.[174] Regelmäßig ist es ausreichend, wenn die Vertragsinhalte des Grund- und der Sicherungsgeschäft im Wesentlichen übereinstimmen (Critical Terms Match), wodurch ein rechnerischer Nachweis nicht erbracht werden muss, sondern lediglich dargestellt wird, dass Wertänderungen des Sicherungsgeschäfts mit denen des Grundgeschäfts nicht zufällig korrelieren.[175] Das Ziel des IASB war es in diesem Punkt zu erreichen, dass durch die Sicherungsbeziehung ein unverfälschtes Ergebnis ausgewiesen wird.[176]

Bezüglich des Handlungsbedarfs könnte in puncto Effektivitätstest festgehalten werden, dass der Arbeitsaufwand durch die neuen Regelungen des IASB augenscheinlich deutlich reduziert wird und die Unternehmen die einzigen Anpassungen in einer Verschlankung ihrer Prozesse suchen müssten. Jedoch gibt es in den Reihen der Big-Four Wirtschaftsprüfungsgesellschaften Stimmen, welche das Gegenteil behaupten, da Unternehmen, welche sich bei der Ermittlung der Effektivität bislang fast vollständig auf Software-Programme und mathematische Berechnungen stützten (und damit aufwändige manuelle Verfahren umgingen) nun unter Umständen in einem erheblichen Umfang Ermessensentscheidungen treffen müssen.[177] Sollte sich das Hedge Accounting des Unternehmens nicht auf seltene Einzelfälle beschränken, führt die Notwendigkeit solcher Ermessenentscheidungen zwangsläufig zunächst zur Definition entsprechender Vorgehensweisen, Festlegung von Richtlinien und Implementierung von Prozessketten, die einen standardkonformen Umgang mit der Effektivitätsbeurteilung im Tagesgeschäft garantieren können.

---

[174] Vgl. PricewaterhouseCoopers (2012).
[175] Vgl. Deloitte & Touche GmbH Wirtschaftsprüfungsgesellschaft (Hrsg.) (2012), S. 12, sowie Fuß / Kunert (2012), S.83.
[176] Vgl. Fuß/Kunert (2012), S.83.
[177] Vgl. Ernst & Young GmbH Wirtschaftsprüfungsgesellschaft (Hrsg.) (2011), S.42.

3.6.2 Rekalibrierung von Sicherungsbeziehungen

Im Punkt der Rekalibrierung (auch: rebalancing oder Adjustierung) hat der IASB eine gravierende Änderung im Bereich des Hedge Accountings vorgenommen. Der Begriff Rekalibrierung steht dabei stellvertretend für die Anpassung der Sicherungsquote. Bisher blieb den Unternehmen bei einer Veränderung der äußeren Gegebenheiten regelmäßig nichts anders übrig, als die Sicherungsbeziehung zu de-designieren und – unter Berücksichtigung des neuen Status quo – neu zu designieren.[178]

Dies ist immer dann der Fall, wenn durch längerfristige Entwicklungen der Wirkungsgrad des Instruments sinkt, ohne dass sich die Zielsetzung des Unternehmens im Hinblick auf diese Position geändert hat.[179] Dies bedeutet zunächst einmal einen – rein formellen – Aufwand, dem kein direkter Mehrwert gegenüber steht. Ferner muss bedacht werden, dass der beizulegende Zeitwert des nun erneut zu designierenden Sicherungsinstruments wahrscheinlich > 0 sein würde, während der des Grundgeschäfts eben sehr wohl 0 wäre (repräsentiert durch ein hypothetisches Derivat) und so zu Ineffektivitäten mit Auswirkungen aus des Betriebsergebnis führen würde.[180]

Durch die Regelungen des IFRS 9 wird es künftig möglich sein, durch eine Veränderung des Volumens des Sicherungsgeschäfts oder des Grundgeschäfts (und damit im Grunde durch eine Änderung des Verhältnisses in dem beide gegenüber stehen – sog. Hedge Ratio) das Sicherungsgeschäft so anzupassen, dass es nicht beendet und neu designiert werden muss.[181]

Für die Ermittlung des Handlungsbedarfs bedeutet dies zum einen, dass das Wissen um die Möglichkeit des Rebalancing an den entscheidenen operativen Stellen verankert werden muss. Ferner ergibt sich aus dem Rebalancing (sowie den neuen Designationsmöglichkeiten) eine weitaus stärkere Verzahnung mit dem Risikomanagement, was die Unternehmen in operativen Arbeitsabläufen und Kommunikationswegen zu berücksichtigen haben.[182] Um dies konsequent umzusetzen sollten schon vor der endgültigen Einführung des IFRS 9 die entsprechenden Schnittstellen gebildet werden.

---

[178] Vgl. Deloitte & Touche GmbH Wirtschaftsprüfungsgesellschaft (Hrsg.) (2012), S. 14.
[179] Vgl. Ernst & Young Global Limited (Hrsg.) (2012), S. 48.
[180] Vgl. Ernst & Young GmbH Wirtschaftsprüfungsgesellschaft (Hrsg.) (2011), S.20.
[181] Vgl. Ernst & Young Global Limited (Hrsg.) (2012), S. 48.
[182] Vgl. Fuß/Kunert (2012), S. 83.

3.6.3 Beendigung von Sicherungsbeziehungen

Bislang ist die Beendigung eines Sicherungsgeschäfts gem. IAS 39.91 bzw. IAS 39.101 immer dann gegeben, wenn

1. Ein Sicherungsinstrument ausläuft, veräußert oder beendet / ausgeübt wird,
2. das Unternehmen entscheidet die Designation als ein solches (gemeint ist das Sicherungsgeschäft) zurückzuziehen,
3. die aus IAS 39.88 ableitbaren Voraussetzungen zur Bilanzierung von Sicherungsgeschäften nicht mehr vorliegen,[183] oder
4. (besonders für die bilanzielle Abbildung von Cash-Flow Hedges) Beendigung gem. IAS 39.101(c) vorgeschrieben, wenn der Eintritt der zugrunde liegenden und abgesicherten Transaktion als nicht mehr wahrscheinlich einzustufen ist.

Auch wenn die o.g. Punkte 1., 3. und 4. noch vollumfänglich unter IFRS 9 Bestand haben werden, so wird es Unternehmen künftig nicht mehr möglich sein eine Sicherungsbeziehung freiwillig aufzugeben.[184] Eben dieser Punkt der freiwilligen Dedesignation (regelmäßig in Kombination mit einer Neu-designation) ist unter Anwendung des IAS 39 gängige Praxis. Jedoch müssen Unternehmen nicht zwingend mit dieser Einschränkung leben, denn der Mitarbeiterentwurf des IASB verwendet eine explizite Trennung der Begriffe Risikomanagementzielsetzung und Risikomanagementstrategie. Das ist wieder deshalb von Bedeutung, da Punkt 3. – die Voraussetzungen für eine bilanzielle Abbildung der Sicherungsbeziehung - vorschreibt, dass die bilanzielle Abbildung nicht standardkonform ist, wenn sich das Risikomanagementziel verändert hat, bzw. im Umkehrschluss, die Abbildung standardkonform ist, solange dieses weiterbesteht.[185] Das heißt konkret, dass eine Dedesignation immernoch statthaft ist, wenn sich bspw. die konkrete Zielsetzung dieser Sicherungsbeziehung verändert hat, die Risikomanagementstrategie des Unternehmens als solches jedoch weiter an Gültigkeit besitzt.

---

[183] Vgl. Achleitner et. al. (2009), S. 138.
[184] Vgl. Ernst & Young Global Limited (Hrsg.) (2012), S. 48.
[185] Vgl. Deloitte & Touche GmbH Wirtschaftsprüfungsgesellschaft (Hrsg.) (2012), S.15.

Der sich daraus ableitende Handlungsbedarf für die Unternehmen mag überschaubar wirken, sollte jedoch nicht unterschätzt werden. Da die Beendigung nicht mehr direkt im Ermessen des Unternehmens liegt, muss dieses mit Inkrafttreten der Hedge Accounting Regelungen eine fortlaufende Kontrolle implementieren, die regelmäßig prüft, ob die Voraussetzungen einer bilanziellen Abbildung noch gegeben sind, oder ob die Sicherungsbeziehung beendet werden muss.[186]

Wie sich in den Kapiteln zum Rebalancing und zur Beendigung von Sicherungsbeziehungen nach ihrer erstmaligen Designation unweigerlich gezeigt hatte, liegt zwischen diesen beiden Bereichen eine gewisse Korrelation vor. Die nachstehende Abbildung soll dabei noch einmal die Entscheidungsmatrix darstellen mit der Unternehmen zukünftig an das Themenfeld Rekalibrierung und Beendigung herantreten können. Dies ist insofern hilfreich, da sich der angesprochene Handlungsbedarf in diesem Fall stark auf die Anpassung von Prozessen, die Implementierung von Kontrollen und Entscheidungsbäumen stützt und eine solche Entscheidungsmatrix hierfür die entsprechende Grundlage bilden kann.

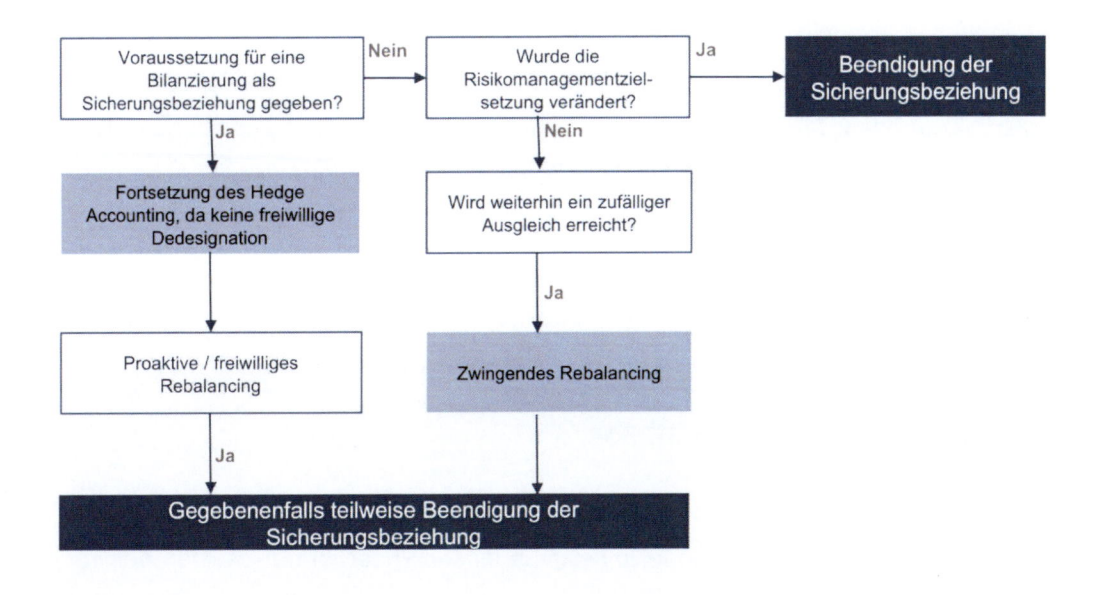

Abbildung 7: Anpassung der Sicherungsbeziehung nach erstmaliger Designation;
Quelle: eigene Darstellung in Anlehnung an Ernst & Young GmbH Wirtschaftsprüfungsgesellschaft (Hrsg.) (2011): , S. 21.

---

[186] Vgl. Deloitte & Touche GmbH Wirtschaftsprüfungsgesellschaft (Hrsg.) (2012), S.16.

3.6.4 Anpassungen in der IT-Landschaft

Im Verlauf der vorangegangenen Unterkapitel wurde an diversen Stellen darauf hingewiesen, dass Unternehmen sich nicht nur aus fachlicher Sicht mit dem neuen Standard auseinandersetzen müssen, sondern auch ihre Systemlandschaft und IT-Organisation entsprechend anzupassen haben. Aus informationstechnologischer Sicht kann durch die geänderten Hedge Accounting-Vorschriften für die Unternehmen Handlungsbedarf im Hinblick auf die genutzten Designations-Applikationen auftreten. Während die bereits bestehenden Applikationen zur Designation von Sicherungsbeziehungen und deren Effektivitätsbeurteilung zunächst bestehen bleiben können, ist es unter Anwendung des IFRS 9 künftig auch möglich die bestehenden Datenmengen und Anwendungen im Rahmen der Designation von Risikopositionen – sprich einer engeren Verzahnung des Risikomanagement mit der Rechnungslegung - zu nutzen.[187] Unternehmen haben bei der Einführung des IFRS 9 somit zu Hinterfragen, in wie weit sie dieses Nutzenpotential wahrnehmen möchten und ob gegebenenfalls Anpassungen an die derzeitig bestehenden Applikationen notwendig sein könnten. Da dieses Themenfeld regelmäßig eine hohe Expertise erfordert kann es ratsam sein auf externe Berater bei der Umstellung zurückzugreifen, falls die internen Ressourcen, bzw. das dort angesiedelte Know-How nicht ausreichen um diesem Handlungsbedarf adäquat zu begegnen.

3.6.5 Änderungen und Handlungsbedarf aus der Umstellungsphase 3

Alles in allem, werden die Änderungen aus dieser Phase in den Reihen der Fachwelt begrüßt. So lobt das IDW vor allem die Annäherung der Rechnungslegung an das Risikomanagement und die damit einhergehende stärkere Verzahnung im Unternehmen selbst.[188] Die Herausforderungen und der daraus abzuleitende Handlungsbedarf, dem Unternehmen (in diesem Bereich auch zunehmend jene aus dem industriellen Bereich) entgegen treten müssen, finden sich in unterschiedlichen

---

[187] Vgl. PricewaterhouseCoopers (o.J.a).
[188] Vgl. IDW (Hrsg.) (2012).

Dimensionen. Hierbei gilt es selbstverständlich die verwendeten ERP-Systeme anzupassen und auf die neuen Abläufe einzustellen (siehe Kapitel 3.5.4). Den viel größeren Teil des Aufwandes wird jedoch die fachliche Auseinandersetzung mit den neuen Herausforderungen bilden, wie sie in den vorangegangenen Kapiteln thematisiert wurde. Zusammenfassend kann man aus diesen Erkenntnissen die folgenden Handlungsnotwendigkeiten nennen:[189]

- ☑ Untersuchung in wie weit sich neue Anforderungen im Bereich des Hedge Accountings auf bestehende Bilanzpositionen auswirken

- ☑ Prüfung ob die Reduzierung der Vorschriften zur Beurteilung des Effektivitätstest einen Ausbau der manuellen Bewertungsprozesse erfordert

- ☑ Bildung von Abteilungsübergreifenden Teams aus den Bereichen Verkauf, Beschaffung, Finanzmanagement und Buchhaltung zur Identifizierung und Bewertung von Risikokomponenten

- ☑ Prüfung, ob sich durch die neuen Regelungen möglicherweise neue Chancen zur Absicherung von Vermögenswerten ergeben

- ☑ Kritische Hinterfragung der bestehenden Risikomanagementziele und -Strategien

Tabelle 11: Handlungsbedarf aus der 3. Phase des Umstellungsprozesses;
Quelle: eigene Darstellung basierend auf Kapitel 3.5.

Werden die hier dargestellten Handlungsnotwendigkeiten von den Unternehmen konsequent umgesetzt, wird sich die Absicherung wirtschaftlicher Risiken zukünftig besser mit der Bilanzierung von Sicherungsbeziehungen harmonisieren lassen, wodurch die Standardumstellung für die Unternehmen eher eine Chance als eine Bürde darstellen dürfte.[190]

---

[189] Vgl. KPMG AG Wirtschaftsprüfungsgesellschaft (2012).
[190] Vgl. Ernst & Young GmbH Wirtschaftsprüfungsgesellschaft (Hrsg.) (2011), S.44.

4 Beurteilung des Umstellungsprojekts

Betrachtet man abschließend den kompletten Umstellungsprozess, der – wenn auch noch nicht endgültig bestätigt – im Wesentlichen schon weitestgehend finalisiert wurde, so erhält man aus den Reihen des kritischen Fachpublikums größtenteils Zuspruch und Lob für die eingegangenen Änderungen. Der Bundesverband Deutscher Banken beispielsweise erkennt verstärkt die folgenden Punkte als zielführend und gelungen an:[191]

- Beibehaltung des Mixed Models und stärkere Betonung des Geschäftsmodells bei der Bilanzierung von finanziellen Vermögenswerten
- Verstärkt zukunftsorientierte Ausrichtung des Wertminderungsmodells
- Zunehmende Verschmelzung der Risikomanagementstrategie des Unternehmens mit der Bilanzierung von Sicherungsbeziehungen

Auch das IDW äußert sich zur Ablösung des IAS 39 tendenziell eher positiv und betont die Notwendigkeit einer Reduzierung der bestehenden Komplexität sowie die Annäherung des Risikomanagements an das Hedge Accounting.[192] Allerdings äußert das IDW auch eine Reihe von Kritikpunkten, wie bspw. die nachträglich Einführung des fair value through other comprehensive income (FVTOCI)-Bewertungsansatzes, die Detailregelungen bzgl. der Umgliederung zwischen den einzelnen „Buckets" im Rahmen des Impairmenttests sowie allgemein die kontinuierlichen Nachbesserungen an bereits veröffentlichten Teilen des IFRS 9.[193] All diese Punkte sorgen dafür, dass das eigentliche Ziel der Reduzierung der Komplexität mehr und mehr verfehlt wird und den Anwendern (va. durch die fortwährenden Nachbesserungen) zusätzlich zugemutet wird, sich ständig über den aktuell gültigen Status Quo informiert zu halten.

In Reihen der Großbanken herrscht allerdings noch keine einheitliche Meinung bezüglich der Frage, ob der Einsatz des IFRS 9 sich positiv auf die Darstellung der Vermögens-, Finanz- und Ertragslage auswirken wird. Sowohl im Hinblick auf die financial performance, als auch auf die financial position äußerten durchschnittlich sechs von zehn Bankengruppen, dass sie durch IFRS 9 keine genauere Darstel-

---

[191] Vgl. Bundesverband Deutscher Banken (Hrsg.) (2011), S.31.
[192] Vgl. IDW (Hrsg.) (2012).
[193] Vgl. ebenda.

lung ihrer Finanzinstrumente im Jahresabschluss als unter Anwendung der IAS 39-Vorschriften erwarten.[194]

---

[194] Vgl. Deloitte & Touche Tohmatsu Limited (Hrsg.) (2012b), S. 22.

5 Resümee

Zweifelsohne bringt eine Umstellung von Standards zur Rechnungslegung – gerade wenn sie ein solch komplexes Thema wie die Behandlung von Finanzinstrumenten zum Thema haben – stets eine Reihe von Umstellungen für die betroffenen Unternehmen mit sich. Grundsätzlich können solche Änderungen die Schulung von Mitarbeitern oder auch die Aufarbeitung von alten Unterlagen beinhalten. Ferner kann es jedoch – wie im Falle der Umstellung von IAS 39 auf IFRS 9 – auch nötig sein, neben der rein fachlichen Betrachtung der Thematik, auch die internen Prozesse sowie die dahinter stehende IT-Infrastruktur in Frage zu stellen und entsprechend anzupassen.[195]

Die Umstellung des IFRS 9 zeigt sehr deutlich, dass selbst eine Versimplifizierung von Rechnungslegungsstandards einen nicht unbeachtlichen Handlungsbedarf für die betroffenen Unternehmen bedeuten kann. Und so bringt diese Vereinfachung vor allem eines mit sich: einen markanten Umstellungs- und Analyseaufwand, der sich sowohl auf den eigentlichen Prozess der Finanzberichterstattung als auch auf andere Bereich des Unternehmens, wie z.B. Planungs- und Steuerungsprozesse, oder die IT-Landschaft auswirkt.[196] Selbstverständlich kann man in puncto Handlungsbedarf und Auswirkung auf die Unternehmensstruktur keine allgemeinverbindliche Aussage treffen, die auf alle Unternehmen gleichermaßen anwendbar ist, doch lässt sich zusammenfassend festhalten, dass sich Handlungszwänge in größerem Ausmaß vor allem in den Bereichen Finanzen, Risikomanagement und IT wiederfinden werden.[197]

Die nachstehende Abbildung wird diesen Sachverhalt noch einmal verdeutlichen und zeigen, dass explizit die Unterabteilungen IT, Rechnungswesen und Controlling die am änderungsintensivsten Bereiche darstellen. Letztere sind hierbei noch einmal besonders hervorzuheben, da die, im Verlauf dieser Arbeit gewonnen Erkenntnisse, über den anstehenden Handlungsbedarf zu einem Großteil sehr informationsintensiv sind. In den meisten Fällen sind solcherlei Aufgaben der Informationsbeschaffung und Aufarbeitung bzw. Reporting in der Controllingabteilung des jeweiligen Unternehmens angesiedelt.[198]

---

[195] Vgl. PricewaterhouseCoopers (o.J.b).
[196] Vgl. PricewaterhouseCoopers (Hrsg.) (2010).
[197] Vgl. Deloitte & Touche GmbH Wirtschaftsprüfungsgesellschaft (Hrsg.) (2011b), S.2.
[198] Vgl. Michel (2007), S. 279.

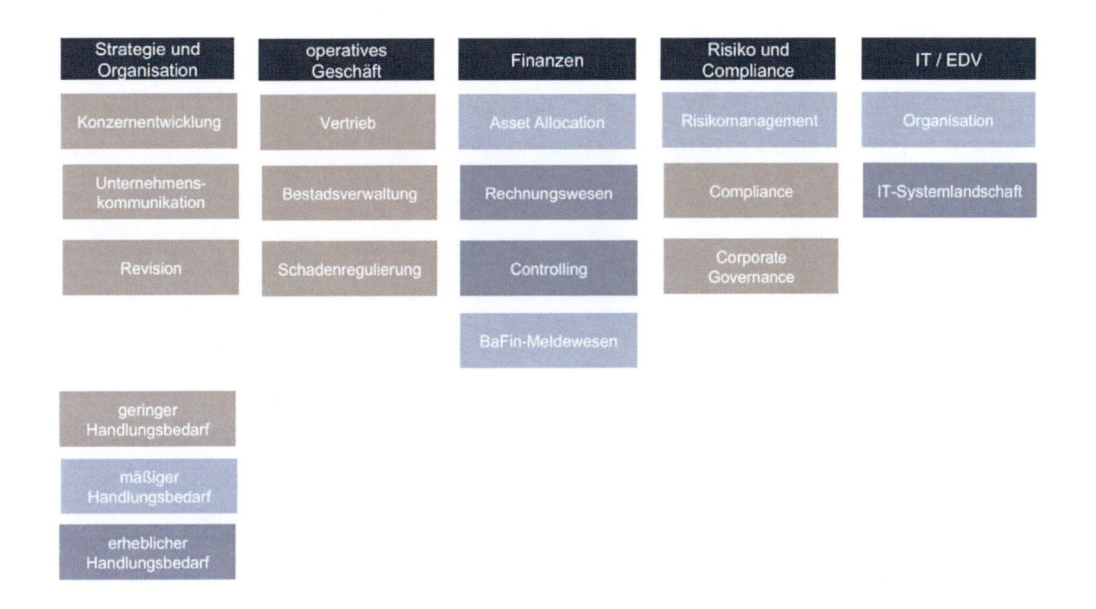

Strategie und Organisation	operatives Geschäft	Finanzen	Risiko und Compliance	IT / EDV
Konzernentwicklung	Vertrieb	Asset Allocation	Risikomanagement	Organisation
Unternehmens-kommunikation	Bestadsverwaltung	Rechnungswesen	Compliance	IT-Systemlandschaft
Revision	Schadenregulierung	Controlling	Corporate Governance	
		BaFin-Meldewesen		

- geringer Handlungsbedarf
- mäßiger Handlungsbedarf
- erheblicher Handlungsbedarf

Tabelle 12: Überblick über die Verteilung des Handlungsbedarfs über die einzelnen Unternehmensbereiche; Quelle: eigene Darstellung in Anlehnung an Deloitte & Touche GmbH Wirtschaftsprüfungsgesellschaft (Hrsg.) (2011b), S.2.

Dass die Notwendigkeit der entsprechenden Handlungsbedarfe nicht nur bei den Anbietern von Beratungsleistungen wahrgenommen werden, sondern auch in den Managementetagen der betroffenen Unternehmen angekommen sind, zeigen Studien der Deloitte Touche Tohmatsu Limited aus dem Jahr 2011 und 2012 sehr deutlich. Die besagten Studien[199] zeigen, dass die befragten Bankengruppen den Umstellungsaufwand in seiner Intensität zwar nach dem aus dem BASEL III Abkommen einordnen, auf der anderen Seite jedoch immernoch vor dem aus Änderungen in den Rechnungslegungsvorschriften der jeweiligen Länder.[200] Ferner geht hervor, dass den einzelnen Phasen gänzlich unterschiedliche Erwartungen bzgl. des Einflusses auf das bestehende Geschäftsmodell und die operativen Abläufe beigemessen wird. So erwarten etwa 80% der befragten Großbankengruppen, dass die Phase 2: Amortised Cost and Impairment einen hohen Einfluss bzw. Auswirkungen auf das bestehende Geschäftsmodell haben wird, während nur 30% bzw. 35% einen ähnlich hohen Effekt durch die Phasen 1: Classification and Mea-

---

[199] Vgl. Deloitte & Touche Tohmatsu Limited (Hrsg.) (2011) sowie Deloitte & Touche Tohmatsu Limited (Hrsg.) (2012b).
[200] Vgl. Deloitte & Touche Tohmatsu Limited (Hrsg.) (2011), S. 8.

surement und 3: Hedge Accounting erwarten.[201] Ein entsprechend hoher Aufwand wird von den Banken zur Durchführung des anstehenden Handlungsbedarfs angesetzt. Immerhin ein Drittel der Banken sehen einen Betrag zwischen 5 und 25 Millionen Euro für dieses Projekt auf sich zukommen, dessen Umsetzung bei immerhin 50 von 56 Bankengruppen einen Zeitraum von insgesamt 2-3 Jahren in Anspruch nehmen wird.[202] Ferner plant fast jede zweite der in der Studie untersuchten Bankengruppen, extra Teams mit einer Mannstärke zwischen zehn und über 50 Personen für die Umsetzung der notwendigen Anpassungen abzustellen.[203]

Unzweifelhaft bleibt, dass neben allen Lasten dieses Projekt auch eine inhärente Chance bietet. Ist ein Unternehmen gezwungen die Bilanzierung der Finanzinstrumente – und damit unweigerlich auch große Teile des Finanzreportings an sich – umzustellen, bietet es sich an diese Umstellung zu nutzen um die Bilanz- und GuV-Steuerung des Unternehmens strategisch neu auszurichten, Prozesse zu optimieren oder Synergien mit anderen – ggf. noch anstehenden - Projekten, wie bspw. Solvency II zu kreieren.[204]

Abschließend kann man sagen, dass durch den Umstellungsprozess – gleich wie der Erfolg der Projekts beurteilt werden mag – für die betroffenen Unternehmen ein erheblicher Handlungsbedarf zu bewältigen sein wird. Während dies in den Bereichen Classification and Measurement sowie Impairment verstärkt internationale Finanzdienstleister, wie z.B. Großbanken, betreffen wird, werden sich Unternehmen aus anderen Branchen (wie z.B. Industrie oder Handel) mit den Regelungen aus dem Bereich Hedge Accounting verstärkt auseinander setzen müssen. Der Rahmen des anstehenden Handlungsbedarfs wurde im Verlauf dieser Arbeit vorgegeben – die Details müssen jedoch unternehmensindividuell festgelegt werden, um einen reibungslosen und erfolgreichen Umstellungsprozess der Bilanzierung von Finanzinstrumenten nach IAS 39 auf IFRS 9 zu gewährleisten.

---

[201] Vgl. ebenda, S. 9.
[202] Vgl. dies. (2012b), S. 25 ff..
[203] Vgl. dies. (2011), S. 18.
[204] Vgl. Deloitte & Touche GmbH Wirtschaftsprüfungsgesellschaft (Hrsg.) (2011b), S. 2.

Quellenverzeichnis

Monographien und Aufsätze

Achleitner, A.-K., Behr, G., Schäfer, D. (2009): Internationale Rechnungslegung – Grundlagen, Einzelfragen und Praxisanwendungen, 4. Aufl., München 2009.

Aschfalk-Evertz, A. (2011): Internationale Rechnungslegung, Konstanz München 2011.

Berentzen, C. (2010): Die Bilanzierung von finanziellen Vermögenswerten im IFRS-Abschluss nach IAS 39 und IFRS 9, Diss., in: Baetge, J., Kirsch, H.-J., Thiele, S. (Hrsg.), Rechnungslegung und Wirtschaftsprüfung, Bd. 23, Lohmar-Köln 2010.

Buhl, A. (2004): Grundkurs Software-Projektmanagement: Einführung in das Management objektorientierter Projekte, München Wien, 2004.

Bundesverband Deutscher Banken (Hrsg.) (2011): Die internationale Bilanzierung von Finanzinstrumenten im Umbruch – Die Ablösung des IAS 39, Berlin 2011.

Deloitte & Touche GmbH Wirtschaftsprüfungsgesellschaft (Hrsg.) (2011): IFRS 9 Finanzinstrumente – Ein Praxisleitfaden für Finanzdienstleister, o.O. 2011.

Deloitte & Touche GmbH Wirtschaftsprüfungsgesellschaft (Hrsg.) (2011b): Exkurs: IFRS 9 – Bürde oder Chance?, o.O. 2011.

Deloitte & Touche GmbH Wirtschaftsprüfungsgesellschaft (Hrsg.) (2012a): IFRS fokussiert: Hedge Accounting – Ablösung der bisherigen Vorschriften steht kurz bevor, o.O. 2012.

Deloitte & Touche GmbH Wirtschaftsprüfungsgesellschaft (Hrsg.) (2012b): IFRS fokussiert: IFRS 9 – Stand der Dinge, Frankfurt, 2012.

Deloitte & Touche Tohmatsu Limited (Hrsg.)(2011): IFRS 9 Impairment Survey 2011: A changing landscape, o.O., 2011.

Deloitte & Touche Tohmatsu Limited (Hrsg.)(2012a): IFRS Project Insights – Financial Instruments: Impairment, o.O., 2012.

Deloitte & Touche Tohmatsu Limited (Hrsg.)(2012b): Second Global IFRS Banking Survey – Q1 2012, o.O., 2012.

Ernst & Young Global Limited (Hrsg.) (2012): IFRS 3.0 – IFRS geht in die nächste Runde, o.O. 2012.

Ernst & Young GmbH Wirtschaftsprüfungsgesellschaft (Hrsg.) (2012): IFRS Outlook, o.Jg., Nr.1, Hamburg 2012.

Ernst & Young GmbH Wirtschaftsprüfungsgesellschaft (Hrsg.) (2011): Hedge Accounting nach IFRS 9 – ein tieferer Blick auf die Vorschläge und die damit verbundenen Herausforderungen, o.O., 2011.

Grünberger, D. (2011): IFRS 2011 – ein systematischer Praxisleitfaden, 9. Aufl., Herne 2011.

Grünberger, D. (2012): IFRS 2013 – ein systematischer Praxisleitfaden, 11. Aufl., Herne 2012.

Heno, R. (2011): Jahresabschluss nach Handelsrecht, Steuerrecht und internationalen Standards (IFRS), 7. Aufl., Berlin Heidelberg 2011.

Henselmann, K. (2010): Jahresabschluss nach IFRS und HGB, 2. Aufl., Norderstedt 2010.

IDW (Hrsg.) (2009): Brief des IDW an das BMJ: Endorsement von IFRS 9 und Zukunft der internationalen Rechnungslegung für kapitalmarktorientierte Unternehmen, Düsseldorf 2009 (Brief des IDW an das BMJ)

IDW (Hrsg.) (2012): Presseinformation 3/2012: IFRS 9 – Eine Antwort auf die Schwächen von IAS 39?, o.O., 2012.

IFRS Foundation (2012a): International Financial Reporting Standards zum 1. Januar 2012 – Teil A (Rahmenkonzept und Vorschriften), London 2012.

IFRS Foundation (2012b): International Financial Reporting Standards zum 1. Januar 2012 – Teil B (ergänzende Dokumente), London 2012.

Kehm, P., Lüdenbach, N. (2008): Finanzinstrumente, in: Lüdenbach, N., Hoffmann, W.-D., Haufe IFRS Kommentar, 6. Aufl., Freiburg 2008.

Kirsch, H. (2012): Einführung in die internationale Rechnungslegung nach IFRS, 8. Aufl., Herne 2012.

KPMG AG Wirtschaftsprüfungsgesellschaft (Hrsg.) (2011): IFRS aktuell, 4. Aufl., Stuttgart 2011.

KPMG AG Wirtschaftsprüfungsgesellschaft (Hrsg.) (2012): IFRS visuell, 5. Aufl., Stuttgart 2012.

KPMG Deutsche Treuhand-Gesellschaft AG (Hrsg.) (2007): International Financial Reporting Standards – Einführung in die Rechnungslegung nach den Grundsätzen des IASB, 4. Aufl., Stuttgart 2007.

KPMG Holding AG/SA (Hrsg.) (2011): IFRS 9 Finanzinstrumente, Zürich, 2011.

Lüdenbach, N. (2010): IFRS – Der Ratgeber zur erfolgreichen Anwendung von IFRS, 6. Aufl., Freiburg 2010.

Michel, U. (2007): Shared Services als Organisationsform für das Controlling; in Gleich, R.; Michel, U. (Hrsg.): Organisation des Controlling: Grundlagen, Praxisbeispiele und Perspektiven, Freiburg, 2007, S. 269-294.

Petersen, K., Bansbach, F., Dornbach, E. (Hrsg.) (2010): IFRS Praxishandbuch, 6. Aufl., München 2010.

PRICEWATERHOUSECOOPERS (Hrsg.) (2010): Accounting of the Future – IFRS 9: Klassifizierung und Bewertung finanzieller Vermögenswerte – Ein Aktionsplan, o.O. 2010.

Ruhnke, K. (2008): Rechnungslegung nach IFRS und HGB, 2. Aufl., Stuttgart 2008.

Schwarz, C. (2006): Derivative Finanzinstrumente und hedge accounting, Diss., in: Küting, K., Weber, C.-P., Kussmaul, H. (Hrsg.): Bilanz-, Prüfungs- und Steuerwesen, Bd. 5, Berlin 2006.

Schmidt, M., Pittroff, E., Klingels, B. (2007): Finanzinstrumente nach IFRS, München 2007.

Gesetzesverzeichnis

Gesetz über das Kreditwesen (Kreditwesengesetz – KWG) in der Fassung der Bekanntmachung vom 9. September 1998 (BGBl. I S. 2776), zuletzt geändert durch Artikel 15 des Gesetzes vom 5. Dezember 2012 (BGBl. I S. 2418), zitiert als „KWG".

Handelsgesetzbuch in der im Bundesgesetzblatt Teil III, Gliederungsnummer 4100-1, veröffentlichten bereinigten Fassung, zuletzt geändert durch Artikel 2 Absatz 39 des Gesetzes vom 22. Dezember 2011 (BGBl. I S. 3044), zitiert als „HGB".

Internetquellen

EFRAG (2012): The EU Endorsement Status Report – Position as at 19 March 2012; URL:http://www.efrag.org/files/Endorsement%20status%20report/EFRAG_Endorsement_Status_Report__19_March_2012.pdf; Abruf am 12. 09.2012.

IFRS (2012): IFRS 9: Financial Instruments (replacement of IAS 39); URL: http://www.ifrs.org/current-projects/iasb-projects/financial-instruments-a-replacement-of-ias-39-financial-instruments-recognitio/Pages/financial-instruments-replacement-of-ias-39.aspx; Abruf am 02.11.2012.

Institute of Chartered Accountants Australia (2012): IFRS 9: Impairment Rules; URL:http://www.charteredaccountants.com.au/News-Media/Charter/Charter-articles/Reporting/2012-07-IFRS-9-Impairment-Rules.aspx; Abruf am 01.11.2012.

Journal of Accountancy (2007): Simplifying Global Accounting; URL: http://www.journalofaccountancy.com/Issues/2007/Jul/SimplifyingGlobalAccountingSirDavidTweedieInterview.htm; Abruf am 02.11.2012.

KPMG AG Wirtschaftsprüfungsgesellschaft (2012a): IFRS 9 Phase 2: Fortgeführte Anschaffungskosten und Wertminderungen: URL: http://www.kpmg.de/WasWirTun/28084.htm: Abruf am 27.11.2012.

KPMG AG Wirtschaftsprüfungsgesellschaft (2012b): IFRS 9 Phase 3: Hedge Accounting: URL: http://www.kpmg.de/WasWirTun/28085.htm: Abruf am 16.11.2012.

PricewaterhouseCoopers (2012): IASB eröffnet neue Möglichkeiten für das Hedge Accounting; URL: http://www.pwc.de/de/accounting-of-the-future/iasb-eroeffnet-neue-moeglichkeiten-fuer-hedge-accounting.jhtml; Abruf am: 16.11.2012.

PricewaterhouseCoopers (o.J.a): Neue Bilanzierung von Finanzinstrumenten zwingt zu Veränderungen in IT-Systemen und Datenhaltung; URL: http://www.pwc.de/de/finanzdienstleistungen/neue-bilanzierung-von-finanzinstrumenten-zwingt-zu-veraenderungen-in-it-systemen-und-datenhaltung.jhtml; Abruf am: 24.10.2012.

PricewaterhouseCoopers (o.J.b): Die Verzögerung bei der Erstanwendung der ersten Phase des IFRS 9 schafft Zeit für notwendige IT-Anpassungen; URL: http://www.pwc.de/de/finanzdienstleistungen/banken/verzoegerung-bei-erstanwendung-von-ifrs9-phase-1-schafft-zeit-fuer-it-anpassungen.jhtml; Abruf am: 25.10.2012.

PricewaterhouseCoopers (o.J.c): In 3 Phasen zu tiefgreifenden Veränderungen: IFRS 9 ersetzt IAS 39; URL: http://www.pwc.de/de/accounting-of-the-future/ifrs-9-ersetzt-ias-39.jhtml; Abruf am: 01.11.2012.

PricewaterhouseCoopers (o.J.d): Beratung bei der Einführung neuer Standards; URL: http://www.pwc.de/de/rechnungslegung-berichterstattung-prufung/beratung-bei-der-einfuhrung-neuer-standards.jhtml; Abruf am: 30.11.2012.

Zeitschriftenartikel

Fuß, E., Kunert, A. (2012): Handlungsbedarf: Bilanzierung von Sicherungsbeziehungen nach IFRS 9 in: Zeitschrift für das gesamte Kreditwesen, o.J., 2012, Nr. 2, S. 82-85.

Haaker, A. (2009): Kreditrisikobilanzierung nach dem Expected-Loss-Ansatz?, in: PiR – Praxis der internationalen Rechnungslegung, o.J., 2009, Nr. 11, S. 339.